シミュレーション 日本略奪

【これから10年】
中国人に
乗っ取られる社会

佐々木 類
麗澤大学国際学部教授　Rui Sasaki

ビジネス社

はじめに

今の日本を見ていると、国家も国民も正常性バイアスが悪い方向に働く中で日常生活を送っているとしか思えない。

正常性バイアスとは、だれもが持っている認知機能の一種だ。異常事態に直面してもそれを過小評価して平静を保とうとする心の働きをいう。地震や水害といった災害などの文脈で使われることが多い。

これが悪い方向に働くと、例えば地震が起きた時、それが巨大地震の前触れであるにもかかわらず、「いつものこと。そのうち揺れは収まるだろう」と思い込んで家屋の下敷きになってしまったり、大雨で川が氾濫する恐れがあり、避難警報が出ているのに、「今まで一度も氾濫したことがないから大丈夫」と自分に言い聞かせて流されてしまったりする。

心の安定を保とうとするあまり、目の前で起きていることの危険性を正確に把握できない心理状態ほど怖いものはない。命を失ってからでは遅いのである。

正常性バイアスの問題は、国家、国民レベルにも当てはまる。「日本は神代の時代から続く四季折々の自然に恵まれた国であり、消えてなくなることはあり得ない」「高度に民主化された日本が、かつての帝国主義時代みたいに占領され、寺社仏閣を破壊したりされるわけがない」という思い込み。なぜ、「あり得ない」と言えるのかを根拠を持って証明できない以上、それはいつ何時、起きてもおかしくないと考えるべきである。

現に八十年前、日本列島はあり、日本人は住んでいたが、主権国家としての日本は世界地図から消えていた。その現実から目をそらしてはならない。

いままさに、国家という家屋はミシミシと軋み、国民という住人の意識が中国のプロパガンダに呑み込まれようとしている。歴史という時間軸に学び、国際情勢をみるにつけ、祖国への危機感は募る一方で、その思いが本書執筆の動機となった。

内容は、今から十年後の二〇三五年前後を想定し、四つのバッドシナリオと二つのグッドシナリオで構成した。いずれもこの数年間に起きた事実をもとに虚実織り交ぜたフィクション仕立てで、近未来の「こうなって欲しくない日本」をバッドシナリオとして、「こうなって欲しい日本」をグッドシナリオとして描いてみた。

バッドシナリオⅠでは、日本に帰化した中国人工作員が選挙制度の隙をついて比例枠を買収し、自民党所属の国会議員となり得ること。媚中派の首相が誕生し、靖国神社や護国神社を解体してしまうあってはならないケース、台湾有事で中国にいる日本人駐在員とその家族が人質となって日本政府の手足を縛るケース、経営難でチャイナマナーという麻薬に手を出し北京の軍門に屈してしまう産経新聞の悪夢などを描いてみた。

バッドシナリオⅡでは、警察が出動するなど最近、実際に起きた出来事をもとに中国人マフィアやクルド人移民らによる暴動の可能性や「日本人お断り」の中華街の出現、東京・秋葉原にあった「闇」警察による人権軽視のやりたい放題を想定した。

バッドシナリオⅢでは、長崎県・対馬や五島列島など離島の入り江が海上民兵を満載した中国漁船に占領される話や、北海道の釧路、苫小牧といった北の重要港が中国の租界にされるなど、中国に奪われる国土とそれに無頓着な日本人の意識に警鐘を鳴らした。

バッドシナリオⅣでは、少子化で廃校が増える中、跡地を狙って中国共産党のエリート学校が進出を企んでいること、大量の大学生ばかりではなく、中学生や高校生という幼少化した留学生を共産党の先兵として日本に送り込み、学校を丸ごと乗っ取ってしまう可能性、欧米では廃校や閉鎖が相次ぐ孔子学院を使い、日本では逆に中国共産党のプロパガンダが進められようとしている実態をフィクション仕立てで紹介した。

グッドシナリオⅠでは、高市早苗元自民党政調会長に存分に活躍してもらった。無実の罪で中国公安当局に拘束された日本人奪還作戦の発動。北村経夫官房長官、小野田紀美国家公安委員長との連携により、闇警察の一掃と土地取得禁止法の制定など、日本が主権国家として克服すべき当然の課題に挑戦してもらった。

グッドシナリオⅡでは、政界再編に踏み切って、この国の将来に確かな道筋をつけた高市政権の活躍を「近未来望遠鏡」で覗いてみた。

スパイ天国日本にはびこる中国人工作員の炙り出しに始まり、日本人学生には冷たく、留学生には手厚い国費外国人留学制度の抜本改革、歴代自民党政権に放置されてきたスパイ防止法の制定にかかる問題点と成立させるまでの苦闘を紹介した。

バッドもグッドも、いずれもまったくの架空の話としてではなく、近未来に起こり得る出来事として描いたものである。フィクションとノンフィクションを往来する本書は、筆者の経験と世界観が下地となっている。

産経新聞社会部時代、地下鉄サリン・オウム真理教など警備・公安事件や旧富士銀行などによる巨額の不正融資事件、指定暴力団「稲川会」が絡んだ東京佐川急便事件といった経済・組織犯罪暴力事件などを担当する警視庁担当の事件記者だった。政治部時代は、村山富市首相の自社さ政権から現在の岸田文雄政権を取材する政治記者として、ワシントン時代は米紙「USA　TODAY」国際部の特約記者として、特派員としてはオバマ政権時代に米政界をワシントンの内側から取材した。

事実を追い、真実を追求する現実世界で禄を食んできたが、最近思えてならないのは、私たちが生きる世界はマルチバース（多元宇宙）でできているのではないかということだ。

その時々の国民世論という集合意識による選択が、無数にあり得る日本の未来を決定付けている気がしてならないのだ。時空間を自在に行き来し、防げる災難は未然に防ぎ、防げる混乱の芽は大事になる前に摘む努力をする。今の日本人には、そういう発想と想像力が欠けているのではないだろうか。

旧約聖書「申命記」の一節にある啓示を深く胸に刻みたい。

「あなたたちの土地に住む外国人が徐々に力を持つようになる一方で、あなたたちは次第に力を失うだろう。彼らはあなたに貸す金は持っているが、あなたは彼らに貸す金を持っていない。最終的に彼らはあなたの支配者になるであろう」

2024年8月

佐々木　類

シミュレーション　日本略奪　目次

バッドシナリオ II

社会不安を掻き立てる中国人

バッドシナリオⅢ

占領される日本の国土

バッドシナリオⅣ

学校も中国の若者に乗っ取られる

グッドシナリオ I

中国の干渉を撥ねのける女性首相

グッドシナリオ Ⅱ

日本を「破壊」する中国「工作員」を排除する

バッドシナリオ I

中国の臣下と化した日本政府

❶ 帰化華人が自民党の参院議員に

例年に比べて長かった梅雨もまもなく明けようという二〇三四（令和十六）年七月二十三日。参院選の開票が締め切られると同時に当確が出ると、喝采が沸き起こった。

東京・銀座の中華料理店の大広間に集まった在日華人・華僑らの集団は、毎年十月の建国記念の日である国慶節と旧正月を祝う春節が一度にやってきたかのようなお祭り騒ぎに包まれていた。何しろ、八年前に中国から帰化して日本国籍を取得した実業家の花田優実氏（五八）が華人として初めて、与党・自民党候補として当選を果たしたのだ。

会場には、自民党の紅野太郎元外相が駆けつけたほか、ビジネスマンを装った在京中国大使館員や中国からの留学生に交じり、東京・秋葉原のホテルを偽装した海外（闇）警察に出入りしていた人物らの姿もあった。警視庁は二〇二三年五月、詐欺容疑で書類送検した華人らの容疑を裏付けるため、この偽装ホテルを家宅捜索している。

自民党が比例代表で特定枠を使い、花田氏を特定枠の三位で起用した時点で当選は事実上確定していた。このとき花田氏の強力な支援団体である華人・華僑グループが派手な祝勝会をせずに平静を装っていたのは、保守を自認する自民党の岩盤支持層をなるたけ刺激しないためだった。だから投開票日のこの日まで目立つ言動は慎んでいたのである。

一度は下野した自民党だが、二年前の総選挙で立憲民主、共産の連立政権から政権を奪還すると、次なる目標を参院での単独過半数超えに定め、総力戦で挑んだ戦いが今回の参院選だった。進歩的で教養高いと自任する人々にとって、耳に心地良い「多文化共生」というキャッチフレーズを前面に掲げ、日本に帰化した中国人（華人）を自民党公認候補に押し立てたのである。とにかく参院での議席増を実現したい。そんな自民党の思いがなりふり構わぬ奇策として、日本に帰化した元中国人の参院議員を誕生させたのだ。

自分の経営する会社や新設の合同会社を迂回して、再生エネルギー基金名目で自民党に五億円を還流させていた。事実上の「特定枠の買収」である。

特定枠の候補は、公職選挙法の規定で、選挙事務所や街頭宣伝カーで選挙活動をすることができない。選挙事務所を持たない花田陣営の支持者らが中華料理店に集まったのもこのためだった。

午後八時ちょうど、ＮＨＫによる当確の一報を受けて現れた花田氏は、白い上下のスーツ姿。手にいくつも束ねられたマイクを持ち、熱狂する華人・華僑、自民党関係者らを前に当選後の第一声を上げた。

「みなさま、ありがとうございます、ありがとうございます！　みなさまのお陰で、当選することができました。心より感謝申し上げたいと思います。私は中国福建省で生まれて二十年前に来日し、八年前に帰化して日本人になりました。この間、結婚、離婚、シングルマザーとして、子育て、会社経営をして参りました。私と同じ華人はおよそ三十万人おります。しかし、ふつうの日本人に比べて社会的立場は弱く、あらゆる場面で差別やレッテル貼りに悔しい思いをしてきました。だから今こそ国会議員となって、華人を代表して声を上げていかねばならないと思い、立候補し、当選することができました。比例代表候補として認めていただいた、自民党の林方正幹事長や紅野太郎元外相をはじめ、長きにわたって祖国・中国との友好、親善関係に努めてくださった関係者のみなさまに、心より感謝を申し上げたいと思います」

イントネーションに中国語訛りは残るが、ほぼ完ぺきな日本語である。

実はこの花田優実氏、前々回二〇二八年夏の参院選では、少数政党の「地上波テレビをぶっ壊す党」から立候補しようとして、断念した経緯がある。もちろん、特定枠を使っての立候補だ。このとき、在日華僑・華人の関連団体が巨額の資金を積み、「壊す党」の特定枠一議席を数億円で買収を持ちかけたという噂が流れていた。

それを打ち消すように、国会内で立候補の記者会見までしたのだが、これに多くの日本人が猛反発した。ネット上で大炎上したことに慌てた「壊す党」党首の判断で急きょ、花田氏の党公認と出馬を取り消した経緯がある。

「壊す党」が公認を発表したその日、中国政府に近い在日中国人の陳克明が花田氏への応援を呼びかけ、在京の中国大使館も在日華人向けに同様のメッセージを発していた。陳は表向きＩＴ企業の社長だが、中国共産党の情報機関「中央統一戦線工作部」の対日工作員という裏の顔も持つ。

花田氏の公認が取り消された日の夜。陳をはじめ、花田氏を支持する華人・華僑関係者ら主に福建省出身者で作るグループが、日常的に活動拠点としている東京・銀座の中華料理店に集まり、立候補に失敗した原因のほか、次に立候補し、当選するにはどうしたら良いのかについて、早くも検討会議を行っている。

花田氏とは、どんな人物なのか。花田氏は二〇二〇（令和二）年、大型クルーズ船内で新型コロナウイルスが発生した際、乗船していた中国人観光客を隔離施設から空港まで送り届けるためにバスを手配し、中国で「愛国華僑」として名を馳せたことがある。

花田氏も嬉しかったのだろう。中国メディアのインタビューに臆面もなく、「日本国籍を取得したいと思っているが、心は常に中国にある」と答えていた。

実際は、「心は中国」どころか、知る人ぞ知る中国共産主義青年団（共青団）幹部の娘だったのである。それ以上の素性は、当の華人・華僑協会のメンバーも一部しか知らされていなかった。自民党の参院選特定枠の候補に花田氏の名前が浮上した際、週刊文秋によって彼女の〝黒い略歴〟が暴かれた。だが、花田氏本人も自民党も文秋の記事を事実無根と否定し、帰化人を差別する排外主義者だと口を極めて非難するとともに、名誉毀損で週刊文秋を訴え係争中だ。

花田氏は第一声で、「安易な移民政策や公共の資産の売り渡しや買収に反対する。ましてや日本の土地や資産を外国人に売り渡すことも規制すべきだ」と訴えた。

自民党のコアな支持層である保守層が最も懸念する中国からの野放図な移民や中国資本による土地買収などの問題について、先手を打って反対の意思表示を行うやり方は、陳らと協議した上でのことだった。

もちろん、狙いはこの真逆である。離島や森林、過疎地を買収し、日本全体を朱色に染め上げていくのが目標だ。旧民主党政権以降、国土の荒廃など気にも留めずに狂騒する再エネの先兵として、上海電力のメガソーラーパネルを使ったステルス侵略は序の口だ。

日中友好と経済連携を旗印に微笑みながら近づけば、大東亜戦争から九十年経った今もぬるま湯に浸かり、危機意識などどこかに消し飛んでしまったかのような政財界人らを誑《たら》し込むのは容易いことだ。

こちらが積極的に動かなくても、利権のおこぼれを少しだけ回しておけば、「役に立つ馬鹿」どもは、こちらの意図する通り、勝手に動いてくれるのである。役に立つ馬鹿とは米ソ両国が鋭く対立した冷戦時代、西側の親ソ派を指す政治用語だ。本人は良かれと思ってやったりしていることが、実はソ連共産党の筋書き通りで、ソ連側から表向きは称賛されながらも、陰では冷笑の対象となっていた西側陣営内に巣くう裏切り者を指す。

そんな共産主義者らの深謀遠慮など知る由もない能天気な日本人を相手にするのは赤子の手を捻るも同然だ。将来的には日米同盟に楔を打ちつつ、媚中、親中に染め上げた自民や公明、維新を抱き込みながら日本を華夷秩序に組み込み、日本を巨大経済圏「一帯一路」の東端の優等生に仕立て上げる百年の計がある。

◆
◆
◆

当選祝賀会を終え、ホテルの自室に戻った花田氏に、ボディガードよろしく同行した陳が笑みを浮かべながら、かつての上司に耳元でこう、ささやいた。

「花田同志、われわれ統戦部の戦いは、これからが正念場ですね…」

花田氏ら中国中央統戦部が参院選に付け入った特定枠の説明が必要だろう。

特定枠は二〇一八年の公職選挙法の改正で導入された新たな選挙制度で、参院比例代表にあらかじめ政党の決めた順位に従って当選者が決まる仕組みだ。

参院の比例代表は、各党が獲得した議席の枠の中で、名簿にある候補者が得た個人名票の多い順に当選する、いわゆる「非拘束名簿式」である。

特定枠は、この非拘束の候補者の名簿と切り離して、政党が「優先的に当選人となるべき候補者」に順位をつけた名簿をつくる。特定枠の候補は、個人名の得票に関係なく、名簿の順に当選が決まる。特定枠の候補の名前が書かれた票は、政党の有効票となる。

この特定枠を使うかどうか、また使う場合、何人に適用するかについては、各党が自由に決められる。まさに政党の胸先三寸である。ここに中国共産党が付け入り、議席の売買が発生する余地が生まれる。花田氏の場合はともかく、大金を積めばどんな候補であっても、公選法の被選挙権の資格さえ満たしていれば、当選できるのである。

初めて導入された二〇一九（令和元）年の選挙では、三つの政党・政治団体から合わせて五人が特定枠で立候補し、このうち四人が当選している。

もともと、特定枠は合区との兼ね合いで生まれた制度だ。参院選挙区は長い間、都道府県を一つの選挙単位として行われてきたが、一票の格差を是正するため、二〇一六（平成二十八）年から「鳥取県と島根県」、「徳島県と高知県」が、それぞれ一つの選挙区となる、いわゆる「合区」がスタートしたのが始まりだ。

国政上、有為な人材、民意を媒介する政党がその役割を果たす上で必要な人材が当選しやすくなることを目的とした制度なのだが、参院選特定枠が与野党双方にとって、都合の良い制度であるがゆえに成立した思惑先行の産物ともいえるのである。

そこに、中国共産党に狙われる素地があるのだ。参院選特定枠の廃止が求められる所以である。二〇一八年に議員立法で改正した公選法のさらなる改正が急がれる。

「鳥取県と島根県」、「徳島県と高知県」のたすき掛けは、それぞれの地域を納得させるなかなかよくできたアイデアであり、そこを変えるには反発もあろう。改正すべき核心部分は、公選法の立候補の規定だ。

参院議員の場合、立候補できる被選挙権は、年齢満三十歳以上の者とされている。人生の経験、見識・知見を十分有するには三十年という年月が必要という判断から規定されたのだろうが、矛盾が生じている。日本人であっても、生まれて三十歳になるまでは立候補できないのに、数年前に帰化しただけの外国人、それも国家の意思を背景に組織的に中央政界への浸透を図る中国人が立候補できる点である。いかにも不公平ではないか。

したがって、永住権の取得条件に照らし、日本に帰化して十年以上経つこと、日本国への忠誠心を宣誓し、それを公表することなど、被選挙権の条件をより厳格化する方向で公選法を見直し、改正を急ぐべきである。それは、工作員として帰化中国人を日本政界に送り込むことを狙った中国側を牽制することにもなる。

花田氏のような帰化華人が当選する危険性を少しでも減らすため、与野党とも国会議員はこの問題を放置すべきではない。

人の良い日本人が忘れてならないのは、海外への移住を図る中国人のメンタリティーである。彼らは必ずしも日本への愛情があって帰化するわけではない。日本のパスポートを持っていれば、どこにでも行けて便利だという理由だけだったりする。彼らは自分や家族が生き、生活する便宜上、日本が住みやすいから帰化しているに過ぎず、日本に忠誠を尽くすという発想など、元々ないのである。

帰化したとはいえ、中共の工作員を国会議員にすることは、日本の自殺行為である。

❷ 自民総裁に媚中派・紅野太郎氏

初の女性宰相、そして初の自民党女性総裁として憲法改正案を発議、成立に導いた高市早苗首相の辞任を受けて行われた二〇三〇（令和十二）年九月の党総裁選。投開票が行われた東京・永田町の自民党本部八階ホール全体が異様なほどの緊張で静まり返る中、選挙管理委員長の野田聖子元郵政相が投票結果を発表した。

「小野田紀美君、国会議員票百三十三票、都道府県連票六票。紅野太郎君、国会議員票二百四十九票、都道府県連票四十一票。この結果、小野田紀美君、計百三十九票、紅野太郎君、計二百九十票となり、よって、紅野君の当選が決まりました」

自他ともに認める親中派の党総裁が誕生した瞬間だった。拍手を続ける周囲に向かって自席から立ち上がってお辞儀を繰り返す紅野氏。事前の票読みで勝算はあったが、選挙は水物だ。蓋を開けてみるまでは分からなかった。

演壇についた紅野氏は、トレードマークの太い眉をピクピクと動かしながら、衆参両院の議員を前に当選のあいさつに立った。

「公約に掲げた通り、今稼働している原子力発電所の発電停止、将来的にはこれをすべてなくすためのロードマップづくりに着手するとともに、二〇五〇年に（CO2の排出を実質ゼロとする）カーボンニュートラルを達成するため、再生エネルギーの推進、強化をさらに図って参りたい。そのためにも、メガソーラー施設の全国展開、太陽光、風力、水力などの自然エネルギー資源を相互に活用しつつ、日本と中国、ロシア、朝鮮半島と送電網を連結するアジアスーパーグリッド（ASG）構想の実現に向け、党員のみなさまの絶大なるご協力を賜りたい……」

どこよりも早く祝電を打ったのは、中国外交部の趙薛剣報道局長だ。

「紅野新総裁は、ご尊父の紅野傭兵元総裁の代から続く古くからの中国の友人だ。新総裁の誕生で、（高市政権時代に）険悪化していた中日関係が改善されることを期待する」

一方、港区虎ノ門の米国大使館、千代田区一番町の英国大使館では、総裁選の分析、紅野政権の対米、対英政策で予測される動向、対日政策の分析に追われた。

自民党総裁選に立候補したのは、小泉進次郎元防衛相、西村康稔元経済産業相、紅野太郎元幹事長、小野田紀美前政調会長の四人。

今回の総裁選は、党員票も含む「フルスペック」の選挙となり、国会議員一人一票の三百八十二票と、全国の党員・党友による投票で配分が決まる党員票三百八十二票の計七百六十四票をめぐって争われた。

通常、自民党の規定で、党員投票は過去二年間に党費を納めた党員のみに選挙権が与えられたきたが、今回は特例により、昨年一年分の党費を納めた党員にも与えられた。全国で投票権を持つ党員は百十万四千三百三十人だ。数日前に締め切られた党員票は、各都道府県連が集計した得票数を党本部でまとめ、いわゆるドント方式（得票数を整数で割っていくやり方）で候補者に配分される。この党員票と国会議員票を合わせ、有効票の過半数を獲得した候補者が当選する仕組みとなっている。立候補には、国会議員二十人の推薦が必要だ。

事前の予測通りとはいえ、注目を集めたのは、紅野氏の党員票の獲得数だ。第一回の投票で、党員票はそれぞれ、紅野氏百六十九票、小野田氏百十票、小泉氏七十四票、西村氏二十九票。国会議員票は、紅野氏八十八票、小野田氏百四十六票、小泉氏百十四票、西村氏三十四票。党員票と国会議員票を合わせると、紅野氏二百五十七票、小野田氏二百五十六票、小泉氏百八十八票、西村氏六十三票となった。

この結果、四人の候補者のいずれも過半数の三百八十三票を獲得できず、一位の小野田氏と二位の紅野氏が決選投票に進んだ。決選投票は国会議員一人一票の三百八十二票と各都道府県連に一票ずつ割り振られた四十七票の合わせて四百二十九票で争われた。結果は冒頭の通り、党員・党友票を基にした地方票で圧倒的に勝る紅野氏が小野田氏を逆転して総裁の座を手繰り寄せた。

看過できなかったのは、他候補をなじる選挙戦の苛烈さだ。特に、有力候補とみられた小野田氏と紅野氏陣営による非難合戦は、総裁選というよりも、誹謗中傷合戦の様相を呈した。これが公選法に基づく選挙なら、公選法違反（自由妨害）で逮捕者が出てもおかしくないほどエスカレートしていた。

史上稀に見る〝荒れる総裁選〟を制したのが、紅野氏だった。だが、その背後に、天地を揺るがすような大きな問題が隠されていたのだった。

自民党員になりすました中国人（華僑）党員の存在だ。総裁選後しばらくして、著名人のスキャンダル暴露で知られる週刊文秋による〝文秋砲〟で発覚した。高い報酬につられてネタを売り込んでくる告発者。〝タレコミ〟頼りの古典的な取材手法が奏功した。

紅野新総裁は否定しているが、公選法に基づかない党員関係者による人海戦術の選挙である。真相究明は至難の業だ。

何しろ、自民党の党員集めほどいい加減なものはない。自民党は入党資格として、「満十八歳以上の日本国籍を有する方」としている。だが、国籍の確認どころか、本人確認もやっていないのだ。身分証明書の提示を求めないケースも少なくない。もちろん、戸籍謄本やパスポートの提示、官報の確認などやっているわけもなく、ノーチェックだ。入党時は、本人ではなく、紹介者が入党手続きを代行する仕組みになっているためだ。党員どころか、国会議員ですら国籍を明らかにしておらず、野党幹部はもちろん、自民党にも相当数の帰化人がいるのは公然の事実だ。事務手続きの煩雑化を避けた性善説に基づく制度としたのが仇となっている。過去には党員になった覚えのない人に総裁選の投票用紙が届く「幽霊党員」問題が発覚したこともあった。

自民党は現在、国会議員一人当たり、年間一千人以上の新規党員の確保をノルマとしている。党勢拡大と自身の支持基盤強化を図るあまり、闇雲に数だけを増やそうとするやり方は、総裁選に介入するため工作員を党員に仕立てようと目論む中国共産党の思う壺だ。民主主義の脆弱な部分を突くのは、対外工作のイロハの「イ」。中国共産党中央統一戦線工作部（統戦部）にとっては、恰好の標的だったのである。

総裁選への中国等の介入を監視していた警察庁外事関係者が声を潜めてこう語った。

「党内対立を煽る投稿は中国発が多く、いずれも北京時間の午前九時から午後五時までだった。かつて〝五毛党〟と呼ばれたサイバー部隊の要員が、組織的に情報戦を仕掛けていた形跡が残っている。自民党内の分断を図り、紅野陣営を支援するために総裁選に介入していたのは間違いない…」

自民党員になりすました「中国人党員」は、今回の総裁選を見越して一年以上前から自民党員になっていた。最近では、直近一年分の党費四千円を払いさえすれば、総裁選で選挙権を得ることができたためだ。

親中派で知られた二階俊博元幹事長や紅野太郎氏の党員獲得数が、群を抜いて多かったのは、まさにここに理由があったようだ。日本に帰化した華人だけではなく、日本人党員に「なりすまし」た華僑（中国人）を党員に仕立て上げていたのである。

偽名やダミーの住所を入党カードに書かれたとしても、党本部は「なりすまし」を見破る手段がない。肝心の総裁選も往復はがきによる郵便投票である。日本人の偽名のまま受け取り、指示通りに候補者の名前を書いてポストに投函すればそれで終わりなのだ。

かつては、中小企業の社長が、従業員の知らぬ間に従業員全員の名前を党員登録していたこともあったから、いい加減なものである。従業員の住所は全員、会社の所在する地番で統一しており、自民党本部から投票用紙が一括して社長の手元に届き、従業員の知らないところで、自民党員にされていた事実が発覚して問題になった。

投票用紙自体の偽造も簡単だ。紅野氏が担当大臣時代、使い勝手の悪さと悪用への懸念が問題とされたマイナンバーカード。マイナカードの偽造など朝飯前の中国人犯罪集団の手にかかれば、投票用紙など目をつぶってでも偽造できる代物である。

また、投票用紙の宛先も問題である。中央郵便局の私書箱なのだ。党員票については県連職員と議員秘書らが手分けして開票するのだが、公職選挙法に基づく選挙ではないことから立会人の規定もなく、非公開で何でもありだ。候補者が自分の選挙を有利に運ぶために中国の介入を積極的に利用しても他陣営にバレることはほとんどなかったのである。

紅野氏の勝利は、中国共産党政権にとっては、これ以上はない「史上最強」の自民党総裁の誕生を意味し、日本にとっては、これ以下のない「史上最凶」の悪夢となった。

紅野総裁誕生シーンは、中国発の動画投稿サイト「TikTok」で何度も流され、視聴回数は二億回を突破した。それを見ながら悦に入る紅野氏の目に浮かんだものは何なのか。

華僑の自民党員化は発覚することなく総裁選でうまく機能させることができた。次の目標は、自分の支持者である帰化華人を国会に送り込むことである。かつて訪中して当時の習近平国家主席に〝拝謁〟した際、目を見て堅く約束したミッションである。

紅野新総裁はスマホのＬＩＮＥアプリを開くと、四年前に帰化した元中国人実業家で、自民党員の花田優実氏宛てに「応援ありがとう。今度は君の番だね」と打ち込んだ。

外相時代の二〇一八（平成三十）年一月と一九年八月の二回、訪中して中国外務省の華春螢（ホア・チュンイン）報道官と顔を寄せ合って自撮りした写真をＳＮＳに載せてはしゃいだことがある。情弱（情報弱者）で無垢な日本人からは「可愛い」「華報道官に笑顔を作らせることができるのは紅野外相だけ」などと好感を持って受け取られた。花田氏へのＬＩＮＥに、自分の似顔を模したハートマーク入りの絵文字を貼り付けることも忘れなかった。

◆◆◆

自民党がまず、取り組まねばならないのは党員の本人確認である。党員ノルマの達成に発破をかけても、「心は中国」というニセ党員を増やす一方では、この国は本当に終わってしまう。そのダメージの大きさは、地方における外国人参政権を付与するとか、しないとかのレベルではないのである。などというと、党本部はなおさらのこと、各国会議員事務所では人手が足りないという悲鳴が聞こえてくる。ならば、党の責任で民間の信用調査会社と契約して確認作業を依頼してはどうか。社長名義は日本人だが、中身は中国系だった――という中華系の会社だけはＮＧだ。洒落にもならない。

気を付けねばならないのは、党員ノルマの達成に中国系が付け込んでくることだ。自民党は二〇二四（令和六）年に世間を賑わせた「裏金」騒動の際、外国（中国）人による政治資金のパーティー券購入の禁止に踏み切れなかった〝前科〟がある。

ただ、かつてのように大々的に、中国人にパー券を購入してもらうわけにもいかず、資金集めに苦労している自民党の国会議員が次に狙うのは、党員獲得で得られる年間四千円の会費である。ノルマを達成しても、わずか四百万円だが、されど四百万円である。

中国中央統戦部は、まだ自民党員になっていない在日華人と華僑に一斉指示を出し、四千円を支払ってすぐにでも党員になるよう命令を下すかもしれない。これを阻止するためにも、徹底的な本人確認が必要なのである。

自民党執行部が並行してすべきことは、総裁選の見直しである。ニセ党員や幽霊党員などの参加や、投開票時に不正操作が行われやすい党員・党友による地方票の本選への悪影響をなるたけ少なくするため、各都道府県一票に固定化すべきである。ドント式に比べて軽くする地方（党員・党友）票については、決選投票で逆に重みを持たせる。

罰則強化も課題だ。ニセ党員や幽霊党員をつくっていたことが発覚した国会議員は「党籍剥奪」や期間を設定した「党員停止」処分の導入が欠かせない。

中国人であっても、二万円でパーティー券を購入でき、四千円出せば自民党員になれる。こんなバカな仕組みを許す政党に、国のかじ取りを任せるわけにはいかないのである。それが嫌なら、今すぐ総裁選の改革に乗り出さねばならない。

❸ 靖国神社を解体す

紅野首相が公約実行

見たくない光景だった。皇居の北側を通る靖国通りの沿道には多くの人が詰めかけていた。塀の内側から見えるクレーン車のアームを涙ながらに見守る人もいた。

黄色の巨大な重機が、「これでもか」とばかりに拝殿に向かって重機の大きなシャベルを振り下ろす。荒っぽい操作をしている運転手は、就労目的で来日した中東出身の男だ。難民申請中に仮放免となった。仕事を探すために姿をくらまし、仲間の紹介で解体業にありついた。ほとんどの大手企業は、英霊を守るという主義主張を通し、靖国神社の解体工事の入札に応じなかった。代わりに、埼玉県内で事業を急成長させた中東系の解体業者が落札、解体工事を請け負った。

三つあった鳥居は大型クレーンで取り外され、あと三日もすれば更地になると思わせるほど、解体工事はスムーズに進んでいた。もちろん、さきの大戦を賛美するかのような遊就館も解体した。遊就館の存続など、紅野政権下では許されないことだった。

友だちが嫌がることはしない――。首相在任中、そう言って靖国神社参拝を拒んだのは、福田康夫首相だった。福田は政界引退後も中国共産党の「喉と舌」として、ことあるごとに中国メディアに登場し、日本と日本人を裏切り続けた。プロパガンダ（政治宣伝）の先兵であり、典型的な「役に立つ馬鹿（useful idiot）」でもあった。

「役に立つ馬鹿」とは、米ソ両国が鋭く対立した冷戦時代、西側の親ソ派を指す政治用語でもあり蔑称でもある。本人は良かれと思ってやったり、話したりしていることが、実はソ連共産党の筋書き通りで、ソ連側から表向きは称賛されながらも、陰では冷笑の対象となっていた存在だ。西側陣営内に巣くう裏切り者を指す言葉なのである。

福田氏の意思を最も固く引き継いだ紅野太郎首相が組閣後、真っ先に取り組んだのが靖国神社の解体だった。首相に就任した翌年の二〇三一（令和十三）年六月下旬の国会閉会後のことだった。

「靖国神社はアジアの平和を乱す存在だと何度も言ってるだろ。中国と戦争でもしたいのか、君は。慰霊したいのなら千鳥ヶ淵の戦没者墓苑で十分だ。ハイ、次」

首相就任後の記者会見で、靖国解体の真意を問う産経新聞の女性記者を睨みつけた紅野首相。不快そうな表情で、挙手をしている別の首相官邸詰め記者に目をやると、しゃくれたアゴで質問を促した。どこまでも横柄である。

紅野氏の親族企業は、太陽光パネルの製造を事業の柱とする中国大手企業を顧客としていた。押しも押されぬ親中改め、媚中議員である。

保守系議員や在野の右派勢力に、いつ総理の座から引きずり下ろされるか分からない。やるなら今しかない。紅野首相は中国共産党政権の威光をバックに、国民世論の反発を押し切って、靖国神社の解体に乗り出した。

靖国神社の跡地は、中国大陸にルーツを持つ蓮呆知事が率いる東京都に払い下げられ、太陽光パネルが敷き詰められた。蓮呆はタレント時代、ハイレグ姿を売りにしていたこともある色物政治屋である。その後は、他人の批判ばかりするわりに理念も政策もないことから政界の「カミツキガメ」と呼ばれていた。

紅野首相は靖国神社解体の勢いをかって、「護国神社等の解体に関する有識者会議」を立ち上げ、議員側トップである松上新平官房長官に全国に散らばる護国神社の統廃合を命じた。配布資料には、故意か単純ミスか、中国共産党の対外工作を主導するスパイ組織「中央対外連絡部」のロゴが入っていた。

松上長官はかつて、東京・秋葉原に存在した中国の「海外110番」（闇警察）の高級顧問をしていたことがある。紅野首相も一目置くほどの媚中議員であり、三階俊博元自民党幹事長らとともに、公安当局の監視対象者でもあった。

紅野首相が内閣府担当相時代に省内に設置した私的諮問機関「再生可能エネルギーに関する有識者会議」（座長、小林ミカＮＰＯ代表）の提言で、解体した護国神社の跡地は中国系企業に廉価で売却、靖国神社跡地と同様、太陽光パネルを敷き詰めることになった。

かねて、日中緊張の原因の一つとなっていた靖国神社への首相や閣僚の参拝を快く思っていなかった米ホワイトハウスも、カマラ・ハリス米大統領名で、靖国神社の解体を歓迎する談話を発表。今秋に国賓として来日する際には、靖国神社跡地を視察したその足で、千鳥ヶ淵戦没者墓苑で献花する意向を示した。

首相就任直後に続き、外交儀礼を曲げて朝貢使節団よろしく、連続二度目の訪中を控えた紅野首相。初の国賓としての訪中だ。手厚い中国側の歓迎に最大限応えたい。紅野首相にとって、靖国神社の解体と護国神社の解体指示は、北京への最高の手土産とされたのである。

◆　◆　◆

七年前の二〇二四（令和六）年六月一日、中国人・董光明容疑者（三六）が、東京・九段の靖国神社入り口の石柱に赤いスプレーを使い、英語で「トイレ」と落書きをした。

また、同日午後七時ごろには同神社のこま犬に中国語で書かれた張り紙があるのを通行人が発見し、一一〇番通報した。中国語で「世界人民は団結しよう」「ただしおまえらは含まない」という趣旨が記されていた。五月三十一日午後九時五十五分から同十時までの間に落書きをしたとみられる。董は落書きが見つかった六月一日、いそいそと出国した。上海在住とみられる。

中国の動画投稿アプリ「小紅書（レッド）」には董が落書きをする一連の様子が撮影された動画が投稿されていた。動画によると、董は辺りが薄暗い中、石柱の台に登り、石柱に向かって放尿しているようなしぐさをした。その後、赤いスプレーでToiletと書いて立ち去った。男は「アイアンヘッド」と名乗っていた。RedBullやHONDAのロゴが入ったTシャツを着ていた。これは計算ずくなのであろう。「俺のスポンサーには米国も日本もついている」と主張しているかのようである。

やっていることは、「お手」もできない頭の悪い野良犬である。あれで、マーキングしたつもりになっているのであろうか。昼間は人目が怖くてできず、夜陰に乗じて行った稚拙な犯行である。コソコソ帰国した董光明にとって、相手が日本という法治国家であり、近代国家であり、幸運だった。これが董のお国なら速攻拘束され、裁判もそこそこに処刑され人体標本にされてしまっただろう。

日中間には現在、犯罪人引き渡し条約はないが、刑事共助条約はある。董光明の恥ずかしい幼稚な行為が、共助条約が想定した凶悪犯ではなかったとしても、日本の国民感情を逆なでする破廉恥行為である。中国側に董光明の引き渡しを要請すべきなのだが、岸田文雄政権はそれができない腰砕けの親中政権に成り下がっていた。

翻って、媚中で鳴らす紅野政権といえども、何も突然降って湧いて政権をとったわけではない。このように自民党内で育まれてきた親中・媚中の系譜があり、華夷秩序への参入と軍国主義への贖罪意識を持つことを至福の喜びとするマゾヒスティックな二級国民に安住していたい——。そんな劣化した日本人の消極的な支持が背景にあったのである。

安倍晋三首相が靖国神社を参拝した二〇一三（平成二十五）年十二月二十六日、号外を出して「中国や韓国から強い反発を招くのは必至だ」とやったのは、朝日新聞だ。自ら火をつけて騒ぐ手法は昔から変わらない。

「見て見て、中国さま、韓国さま。安倍首相が靖国参拝しました。酷いですね、怒りますよね？　一緒に怒りましょうよ！」という塩梅だ。

朝日新聞のご注進を受けるまでもなく、「待ってました」とばかり、中国が口を極めて罵ったのは、想定内だ。

「中国人民の感情を傷つけて…」などと言うが、自国民から言論の自由と身体の自由を奪い、感情どころか肉体まで傷つけているのはどこの誰なのか。こういうときばかり、「中国人民の感情」を持ち出すなと言いたい。日本の首相による靖国神社参拝を快く思わない、民主化を求める中国の政治犯だって「あんたに言われたくないよ」と獄中から叫んでいるに違いない。

中国共産党の厭らしさは、怒っているように見せて、その実、安倍首相に参拝してもらい嬉しくて仕方ないという本音が見透かされているところにある。

日本を「一部の軍国主義者が操る国」であり、「侵略した歴史への反省がない」と言って日本を小突き回す格好の材料を安倍首相が提供してくれたからだ。彼らは日本の同盟国・米国ですら、首相の靖国参拝を快く思っていないことを知っている。

オバマ米政権も間抜けな対応をとった。「失望している」。在京の米国大使館に表明させたこの声明がどれだけ中国共産党の独裁者たちを喜ばせたことか。「核なき世界」だとか「イスラムは友達」だとか、挙句は「アメリカは世界の警官ではなくなった」などと、当たり前で誰もが知っていること、すなわち、言わなくても良いことを大げさに口にして、世の中を混乱させる詐話師らしい反応ぶりだった。オバマ氏は「核なき世界」と叫んだだけで、ノーベル平和賞をとっている。

「日本は大切な同盟国であり、友人だ。しかしながら、日本の指導者が隣国との緊張を悪化させる行動をとったことに、米国は失望している」「米国は、首相が過去への反省と平和に対する責任の再確認を表明するか注視している」

声明は、オバマの後見役で「日本国憲法は米国が一週間で書いた」と、本当のことをつい口にしてしまうバイデン副大統領が主導した。バイデン氏には、この頃から痴呆症の兆しが散見された。

北京政府は「ここぞ」とばかり、世界中の駐在大使に地元有力紙へ批判記事を載せるよう指示を出し、金太郎飴を切ったような紋切り型の安倍批判記事を掲載させた。

二〇一四（平成二十六）年一月六日、田学軍（ティエン・シュエジュン）駐南アフリカ中国大使は、南アフリカ紙The New Age（ザ・ニューエイジ）に安倍首相の靖国参拝を批判したコラム「東方ナチスの礼拝」を寄稿した。誌面が汚れるが紹介しよう。

「…我々は日本の侵略戦争の罪はごく一部の軍国主義分子が請け負うべきだと考えている。日本人民もまた被害者なのだ。…日本はいまだに侵略の歴史を正確に認識し反省することができず、あの侵略戦争を美化しようとする勢力が一貫して存在している。安倍首相は総理という身分で靖国を参拝し、両手がアジアの被害者の血で染まった戦犯の魂を慰めた。これは中国とアジアの人民にとって許しがたい行為というだけではない。世界各国の平和を愛する正義のパワーにとって受け入れられない行為である」

毛沢東による「二分法」を使っている。八路軍に投降した日本兵を抱き込み、将棋の「と金」よろしく、「日本兵も被害者だから命を保障し、食事も与える。だから、八路軍の兵となって、一緒に日本の軍事主義者をやっつけよう」という具合である。

これには、日本側も黙ってはいなかった。さすがは安倍政権である。すぐさま徹底反論するよう外務省に指示を出している。吉澤裕駐南ア大使が一月十日付で同紙に寄稿した。内容は次の通りである。

「安倍首相の靖国神社参拝とナチスを崇拝する行為を関連づけるのは非常に屈辱的だ…日本は人権を尊重する自由かつ民主的な国家として、世界平和とアフリカ大陸諸国を含む他国の福祉及び発展の支援にたゆまず努力してきた。このような努力は、真の日本の姿を判断する上で、正当に評価されるべきである。興味深いことに、二〇〇八年の日中共同声明において、中国の国家主席（胡錦涛）が、世界の平和と安定に対する戦後の日本の貢献を積極的に評価したと表明している」

やればできることをやってこなかった外務省。それは、首相官邸というか、政治の責任であり、畢竟首相の責任である。

小泉純一郎首相が二〇〇四（平成十六）年の元日に参拝した際にも、翌年十月十七日、秋季例大祭で参拝した際にも、さらに二〇〇六年八月十五日の終戦記念日に参拝した際にも、朝日新聞をはじめとする国内の左派メディアや中国、なぜか戦争で戦っていない韓国までもが一緒になって猛烈に反発した。

小泉首相は参拝の過程で、「図らずも命を落とし…」などと語った。戦死した日本兵もまた、日本軍国主義者の犠牲者であるという中国のプロパガンダに加担する発言だ。首相と言えども英霊がどのようなお気持ちでこの国の「柱」となられたかを代弁する資格はない。ただ、中韓に気兼ねして参拝を拒んできた歴代首相に比べればまだ、マシである。

外務省は、二〇〇五年十月に参拝した際、こうホームページに見解を述べている。

「小泉総理の靖国神社参拝が、過去の軍国主義を美化しようとする試みではないかとの見方は誤りである。…総理はかねて、靖国神社への参拝は、多くの戦没者に敬意と感謝の意を表するためのものであり、A級戦犯のために参拝しているのではなく、また、日本が極東国際軍事裁判の結果を受け入れていることを明言している。総理はまた、我が国が、『植民地支配と侵略によって、多くの国々、とりわけアジア諸国の人々に対して多大の損害と苦痛を与えた』ことを認め、『歴史の事実を謙虚に受けとめ、痛切なる反省と心からのお詫びの気持ちを常に心に刻』むべきことや、『世界の国々との信頼関係を大切にして、世界の平和と繁栄に貢献していく決意』であることを、繰り返し表明している」という内容だ。

これでもなお、「軍国主義だなんだ」と言ってくるのは、言いがかりとしか言いようがない。むしろ、カネのかからない戦争（歴史戦）で中国兵の血を流さず、金も使わずに日本を攻撃できるだけに、喜んでやっているようにしか見えないのである。戦後、ＧＨＱ（連合国軍最高司令官総司令部）の指導により、贖罪意識を負った日本人の心を折るのは容易い。言えばすぐ、謝罪するのだから、こんなくみしやすい相手は世界中を見渡してもなかなか、いまい。

安倍首相以降、歴代首相は誰が何と言おうと、靖国神社に参拝し、それへの批判が「外交カード」にならないことを知らしめておくべきだったのである。

かたや中国共産党は、隣国の内政や思想信条に干渉する前に、毛沢東が何千万人の自国民を虐殺したのか、しっかり調査し、その残虐ぶりを直視すべきであろう。

韓国も日本に併合されたことが悔しくて仕方ないのなら、平和裏に締結した大韓帝国の李完用首相を指弾すべきであろう。李政権の客観的な歴史の評価は行っているのか。李首相は後に大日本帝国の朝鮮総督府中枢院副議長を務めている。

日韓併合条約を日本の軍事力を背景にして押し付けられた条約だという一部韓国有識者の主張は間違いである。多少の力の不均衡を背景にしない条約など歴史上存在しないのである。

靖国神社の石柱に放尿する仕草をし、朱色のスプレーで〝Toilet〟と落書きした「アイアンヘッド」こと、中身が空の「ピーマンヘッド」董光明。こういう馬鹿に割く時間ももったいないが、放置すれば舐められるだけである。

岸田政権は、日中刑事共助条約に基づいて、董光明の身柄の拘束と連行をきつく中国当局に要請すべきであったが無策だった。その直前には、呉江浩《ウージャンハオ》駐日中国大使が台湾の総統選に絡んで、「日本人を火の中に連れていく」という外交上の礼を失した発言をしているにもかかわらず、追放できないでいた。外交と領事に関するウィーン条約で接受国（受け入れ先の国、ここでは日本）は、「好ましからざる人物」は理由を言わずに追放して良いことになっている。岸田首相はそれすらしなかった、否、できなかった。

検討することを検討することが信条の岸田首相と、役人の書いたペーパーを正確に棒読みするだけの上川「棒読み」外相。先に紅野政権は自民党の親中・媚中の系譜の延長線上に誕生したと述べた通りである。

この体たらくが、外交を含むあらゆる面で中国の増長を招き、挙句は紅野首相を表舞台に登場させてしまったのである。その萌芽は、靖国神社参拝をためらった歴代首相の大罪と、放尿して喜ぶチンピラ一人捕まえることのできないわが国政府に見ることができるのである。

戦後、日本に進駐してきたGHQ（連合国最高司令官総司令部）は、福岡市内にある福岡縣護国神社をはじめとする、全国各地に点在する複数の護国神社の接収を要求してきたことは知る人ぞ知る。

福岡縣護国神社は、公職追放された元陸軍少将の手塚省三宮司がGHQに対し、「私の責任で英霊の御霊をお守りする」とし、連合国軍最高司令官のマッカーサー宛てに手紙を書いて抗議、一ミリたりとも渡さない決意を示したという。二〇二四年夏、都内在住の関係者が筆者と面会した際に語った。

GHQは戦後、靖国神社を撤収、解体してドッグレース場を作ろうと計画を立てた。これに対し、マッカーサーの補佐役だった駐日ローマ教皇庁代表・バチカン公使代理のブルーノ・ビッテル神父が、「いかなる国家も、その国家のために死んだ戦士に対して、敬意を払う権利と義務がある。戦勝国か、敗戦国かを問わず、平等の真理でなければならない。日本では、国家のために死んだ者はすべて靖国神社に御霊を祀られている」と進言し、計画を断念させている。

一九八〇年には、ABC級戦犯とされた一〇六八柱の位牌がバチカンに奉納され、五月二十一日にローマ法王、ヨハネ・パウロ二世がバチカンで荘厳なミサを執り行った。

靖国神社も護国神社も、そこに祭られる御霊は、後世に続くわれわれがしっかりお守りしなければならない。

靖国神社を解体するなど、天地がひっくり返っても、あってはならぬことである。

英霊の静かなる眠りを妨げることは、何人たりとも許されない。

❹ 日本人駐在員と家族が人質となる日

台湾動乱以後、中国・習近平政権がかつてないほど国内統制の強化に乗り出した二〇三二（令和十四）年夏、中国に進出していた日系企業は十年前の約三万一千社に比べ、十分の一の三千社ほどに減っていた（三一年十二月末現在）。

目先の収益増ばかりを考えて大局的な国際情勢への視点に欠けていた日本企業だが、台湾有事への痛烈な反省が撤退増加の背景にあった。合弁を組む日本企業が撤退したいと考えても、そう簡単に撤退を「許してくれる」相手ではない。撤退する際、中国側に資産の大半を奪われるケースが後を絶たなかった。

中国への日本企業の進出が激減した背景には、日本政府が中国からの撤退をためらう日系企業に対し、撤退に伴って発生するリスクを補償する制度をつくった効果もあった。日本人学校に通う日本人子弟を狙った中国人による傷害事件も後を絶たず、撤退の動きはむしろ、遅すぎるぐらいだった。

日本の外務省には、安全情報として、「十分注意してください（レベル1）」「不要不急の渡航はやめてください（レベル2）」「渡航中止勧告（レベル3）」から「退避勧告（レベル4）」という情報提供の区分けがある。

にもかかわらず、二〇三〇年を過ぎた最近になってようやく発出されたのが、なんと「レベル2」。中国の習近平国家主席が台湾併合を宣言した二〇二七年時点で、「レベル4」を出すべきだったのに、立憲民主党と共産党の連立政権は出さなかった。中国を過度に刺激して、日中間の緊張を高めるのは得策ではないという、何の得にもならない判断をしたからである。あったのはただの中国への忖度と隷従的発想だった。

一方、米政府の対応は素早かった。習近平が年内中の台湾併合を宣言した二〇二七（令和九）年「五月三十五日」の一か月前には、中国にいる米国籍の民間人に退避勧告を出していた。立共連立政権は中国にいる自国民を守るという発想にあまりに欠けていた。

「五月三十五日」とは、中国共産党政権が民主化運動を弾圧した一九八九年六月四日の隠語である。五月三十一日＋四日＝六月四日というわけだ。

一九八九年六月四日の天安門事件（六四天安門）という血塗られた中国共産党の残虐行為を歴史から消すまいとして、ネット上で編み出された民主化を求める人々の意思を象徴する言葉である。

そんな民主化を求める人々の気持ちを踏みにじるかのように、習近平がこの日に併合を宣言したのは、日付を上書きすることで中国共産党史の汚点となっている「六四天安門」を歴史から消し去るのが狙いだ。

ただ、失笑を禁じ得ないのが、緻密な戦略の下に動く中国共産党が杜撰な面を併せ持つことだ。「六四天安門」に上書きして「六四台湾」という言い方の定着を図ろうとしても、「六四天安門」の呼び方はそのまま残るだけであることに気づかないからだ。独善的な中共らしい発想が窺える。

二〇二七年五月上旬、台湾で立法院改革をめぐる暴動（二七台湾動乱）が台湾独立運動に発展した。内政への露骨な介入を進める中国共産党政権に対抗して、頼清徳総統率いる民進党が中国との輸出入を制限する事実上の経済断交に踏み切ったのがきっかけだ。

台湾併合の口実を探していた習近平政権は「好機到来」とばかり、台湾への圧力の強化を決定した。手始めにサイバー攻撃やフェイクニュースなどAIを使った認知戦、台湾の民間人を装った便衣兵による攪乱工作といった非対称戦の「超限戦」を仕掛けたのだ。

日米両国に対しては、「日本列島を灼熱地獄に落とす」「ニューヨークとロサンゼルスをパンダ・ボム（核兵器）で火の海にする」といった「核の恫喝」を繰り返した。得衣の戦狼外交である。二〇二二年二月二十四日、ウクライナ侵略を始めたロシアのプーチン大統領が西側諸国を牽制するために言及した「核使用」を真似たものだ。

ロシアは旧ソ連時代、インフラ開発のためシベリアで「経済爆発」と称して、大型の公共工事に核爆発を利用していた。それだけに核に手を出すハードルは低く、米国はじめ西側諸国を大いに警戒させる効果をもたらした。習近平はそれを静かに観察していたのである。超大国アメリカといえども、核保有国には手を出せないことを学んでいた。

ロシアがウクライナのクリミア半島を占領した二〇一四年のハイブリッド作戦も、習近平にとっては台湾侵略の手本となっていた。ハイブリッド作戦とは、正規軍による戦闘だけではなく、サイバー攻撃や宣伝戦など非対称戦を組み合わせた戦術をとる。

孫子の兵法の国、中国がかねて得意とする一九九八年の超限戦、二〇〇三年の三戦「心理戦・法律戦・輿論戦」を駆使した戦術でもあった。旧ソ連と中国共産党は、長い国境線を共有しているだけではなく、コミンテルンを通じて西側資本主義諸国など、敵対勢力との戦い方についても、共有し合う深い関係にあった。コミンテルンは、一九一九年から四三年まで存在した国際共産主義運動の指導組織で、レーニンが創始者。「第三インター」とも呼ばれていた。

中台情勢が混迷を深める中、日本では立憲民主と共産の両党連立政権が中国による「核の恫喝」になすすべもなかった。日本の一部港湾を九十九年間借り上げる「日中港湾使用に関する条約（日中港湾条約）」という不平等条約を結ばざるを得ないところまで追い込まれていた。航空自衛隊の戦闘機Ｆ35による中国空母への反撃で中国側に死傷者が出たことによる核恫喝に屈したためだ。

条約が短期間で締結されたのは、立憲民主と共産党内の親中派のスパイ議員の働きによるところが大きい。彼らは、身分を隠した中国共産党の対外工作機関「中央対外連絡部」東京支部幹部の指示を仰ぎ、節目節目で所属政党や政府に圧力をかけていた。

タチが悪いのは、彼らにスパイという自覚がない点だった。中国と協調していくためには、中国側要人との緊密な対話が必要と信じて疑わなかったのである。もちろん、偽の肩書に騙され、素性を知らないまま日本と米国の機密情報を提供していた。

米国や豪州、インドなどとのＱＵＡＤ（日米豪印の四か国）と連携して、外交圧力や軍事圧力で中国への反撃を試みようという勢力も立民内にいることはいた。こうした立民と政府内の抵抗勢力を無力化するのも、親中スパイ議員に課された役目だった。

金銭による買収という飴、脱税や公選法違反などのスキャンダルというムチ。硬軟合わせた中連部の工作に加担し、同僚や野党議員を脅し透かししていた。

日中港湾条約だけではない。中国は、台湾併合に向けた措置として、国内移動の制限に踏み切り、中国にいる日本人の帰国を事実上禁止する措置をとる挙に出たのである。二〇二〇年、湖北省武漢から世界中に広がったコロナ禍の際、「ゼロコロナ」と称して街全体を閉鎖する「ロックアウト」をしたときと同じ手口だ。

台湾情勢をめぐる中国国内の不穏な動きを察知した米政府はひと月前、中国滞在の米国民に退避勧告を出していた。事態を楽観視していた日本政府は中国を必要以上に刺激することを恐れ、注意喚起や退避勧告を出さなかった。その結果、中国在留の約十二万人四千の日本人が人質となり、彼らの生命と財産が脅かされる事態を招いてしまったのである。強制的にでも、帰国を促すべきであった。

二〇一三年三月に国家主席となった習近平が表舞台に登場して以来、「党がいっさいを領導する」という、強権的な政治手法からチャイナ・リスクが語られてきた。日本国内でも中国から日本企業の撤退が叫ばれたが、おのれの出世だけを考え、目先の利益追求しか頭にないような企業内の「ヒラ取（ヒラの取締役）」の視野狭窄と、企業トップの経営判断ミスの連続は救いようがなく、多くの企業が撤退の機会を逃していた。

仮に中国からの撤退を決めたからといって、すんなり撤退できる国でないことは先刻承知のはずだ。中国人労働者の雇用問題やら納税問題、あるいは、中国に進出した外国企業に課せられた中国特有の独善的なルールで小突き回され、結局、「身ぐるみはがされるくらいなら残った方がマシ」との判断でやむなく中国に残らざるを得ない企業が少なくないのが実態だ。資産をただ同然で合弁企業に売り渡して撤退する企業も中にはあった。

中国に残された子供を含む多くの日本人にとって、情報統制で何が事実で何が起きているのかを把握しようもなく、中国当局の「大本営発表」が唯一の情報源となっていた。

日本企業の男性幹部たちは、急ごしらえの改正中国国家情報法に基づき、「学習」のためと称して、新疆ウイグル自治区にある職業訓練所と同じような政治犯収容施設に三か月間の強制収容が義務付けられ、家族との接触も禁じられた。支店長クラスは軒並み、容疑事実を告げられないまま、身柄を拘束されていた。

企業にも網がかぶせられた。中国当局は、台湾有事を想定して整備された今回の改正国家情報法のほか、反スパイ法、反外国制裁法、輸出管理法、データ安全法といった、国家安全保障に関する法律を総動員して、現地の合弁会社との共有を拒んでいた先端技術に関する情報の開示を日本企業に要求し、吸い上げていったのだった。

中国の朝貢国になり下がっていた日本政府もさすがに抗議したが、暖簾に腕押しとはこのことだ。中国当局は「わが国の法に則って、適切に対処している」というばかりで無能な日本政府のことなど歯牙にもかけようとしなかった。

日本は自らの手足を縛る中国の「人質外交」に臍を噛むしかなかったのである。

◆
◆
◆

注意すべきは、日系企業による中国への過度な投資である。どんな国が相手でもビジネス上のリスクはつきものだが、日本の同盟国である米国とあらゆる分野で鋭く対立する中国との事業展開は、とりわけリスクが高い。

そんな事情を知らないわけがなかろうが、今も中国での事業拡大を図る日系企業が後を絶たないでいるのは困ったことだ。社員とその家族を派遣し、自らは安全な日本にいて業績アップの尻を叩く東京の会社幹部らには社員を守ろうという責任感のかけらもない。

コロナ前は特に酷かった。日中経済協会と経団連、日本商工会議所は二〇一八、一九年と二年連続で二百人以上の朝貢団を中国に派遣し、「三跪九叩頭《さんききゅうこうとう》の礼」よろしく、李克強首相の前にひざまづく有様だった。特に目を引いたのが、自動車メーカー各社の動きだ。EV（電気自動車）だなんだと、中国側の甘言に乗せられるままに事業拡大を競い合っていた。

気づけば、本田技研工業のように中国に進出した合弁会社の中に、人民武装部という軍傘下の組織が寄生し、いつでも乗っ取られる体制がつくられていた企業もある。中国サイトには日本企業の巨大な武漢工場に人民武装部がつくられ、迷彩服を着て軍事訓練をやっている写真が掲載されていた。人民武装部とは予備役や民兵を集めた組織で、有事に軍と一体となって動く別動隊だ。

帝国データバンクなどによると、二〇二二年十月現在、中国に進出している日系企業数は三万社に上る。習近平の表舞台への登場と軌を一にして、進出企業は減少傾向にあるが、まだまだその数は他の西側諸国を圧倒する勢いだ。

特に上海市は六千三百社と、中国全土で最も多い。千九百社が進出している江蘇省と合わせ、日系企業の多くが上海経済圏に集まっている。

中国が政情不安になったり、台湾有事となったりした場合、あるいは、中国が尖閣諸島（沖縄県石垣市）の奪取を狙い日中間の緊張関係が高まった場合、真っ先に危険が及ぶのが、これら日系企業の駐在員とその家族なのである。

「愛国無罪」のスローガンのもと、二〇〇五年四月、四川省成都で日系スーパーに対する暴動が発生し、北京や上海で日本に対する大規模なデモの一部が暴徒化した事件を覚えている日本人も多いだろう。また、二〇一二年に起きた中国での反日運動は、野田佳彦政権による尖閣諸島国有化をきっかけに激化した。暴徒は日系企業の工場や店舗に放火したり略奪したり、やりたい放題の狼藉を働いた。さらには、丹羽宇一郎・駐中国大使の公用車を襲い、車両旗の日の丸を強奪したり、邦人を襲撃したりした。官製の暴動である。主犯は中国政府だった。逆の立場だったら、中国は朝野を挙げて発狂したことだろう。

法治国家と言いながら、三権分立を否定し、憲法の上位に共産党を置く今の中国は、法をいかようにも恣意的に運用する。在留外国人を不当に逮捕することで外交カードとすることをも厭わない独裁国家ならではの体質が特徴だ。

想起するのは二〇一〇年九月七日の中国漁船体当たり事件である。尖閣諸島周辺海域で中国漁船が海上保安庁の巡視船に体当たりし、海保が中国人船長を公務執行妨害容疑で逮捕した。しかし、時の民主党政権は腰の砕けた対応で法を捻じ曲げ、那覇地方検察庁に船長を処分保留で釈放させてしまった。仙谷由人官房長官は、政界引退後も「釈放の政府判断は正しかった」と胸を張っていたのだから、始末が悪い。国際社会における日本の地位を著しく貶めた。当時、ワシントン特派員だった筆者の知人でシンクタンクに勤める米国人があきれていた。

そんな民主党政権の中国への忖度を嘲笑《あざわら》うかのように、中国側は、中国国内にいた日本企業のフジタ社員四人を「許可なく軍事施設を撮影した」と難癖をつけて身柄を拘束し、レアアースの日本への輸出を止めるという挙に出た。あからさまな報復だ。

これより前の二〇〇四年には、サッカーのアジアカップ決勝戦の後、在北京日本大使館の公使二人が乗った大使館車両が中国人らに襲われた。暴徒の顔がはっきり分かる映像が残っているのに犯人は捕まらなかった、というより、中国当局は捕まえようとしなかった。官製暴動で当局者がやらせたのだから当然だ。

これが台湾有事にでもなったら、「愛国無罪」どころでは済まない。日本に帰国できずに中国にとどまる日本人の子供の誘拐や暴力、日本人婦女子への強姦、果ては命まで奪われかねないのである。二〇二四（令和六）年六月、下校途中の日本人母子が上海市近くの蘇州で中国人の男に刃物で襲われた。母子を庇った中国人女性は亡くなった。中国当局が男の身柄を拘束しているから動機などの真相は藪の中だが、スクールバスを狙った犯行の手口から、日本人を標的にしたヘイトクライムの可能性が高い。

手元の資料によると、日本人学校の児童数は約三千人。計画された官製暴動に遭遇したら誰が子供たちを守るというのか。みだりに外出させないことはもちろんだが、日本企業はそもそも、中国でビジネスを展開するという発想自体を変えるべきであろう。

あなたの会社は、あなたとあなたの家族を守ってはくれない。それにどれだけ早く気づくかどうかが、生死の別れ目になるかもしれない。

❺ 北京の軍門に屈した産経新聞――

中国や北朝鮮におもねらず、左からは「極右新聞」と言われ、右からも「アメポチ」（アメリカのポチ（犬）＝米国追従路線）などと揶揄されながら、常識的で至極まっとうなことを主張していた新聞界「最後の良識」。

それを自任する産経新聞が、ついに北京の軍門に屈したのか――。

押田信幸（八八）は、病床に届けられた産経新聞（二〇三五年八月十五日付）に「チャイナ・ウォッチ」が折り込まれているのを見て、そう思わずにはいられなかった。

新聞業界の凋落は著しく、頑固一徹、ぶれない論調を売りにしてきた産経新聞にも、その大波が押し寄せていた。印刷工場、海外支局、国内支局の閉鎖と人員削減、取材費の大幅カット。二〇二九（令和十一）年にとうとうタブロイド版となり、社員のモチベーションも記者の質も下がる一方だった。

前年の二〇二八年には、産経新聞の将来を悲観した現場キャップクラスが大量に離職した。結果、紙面は朝日新聞に負けず劣らずリベラル色の強い記事を量産するようになった共同通信の配信記事がかなりの分量を占め、元慰安婦や元徴用工などに関する事実報道を貫いてきた産経らしい論調がすっかり影を潜めていた。

事情は簡単だ。いわゆる〝歴史戦〟への会社の理解が極端に不足していたのだ。また、紙面で中国や韓国両政府やそれぞれのメディア、朝日新聞による元慰安婦などをめぐる虚報を論破するには、しっかり勉強する必要があったのだが、発生モノ中心で表面的なニュースの処理に追われる産経新聞記者にはそれができていなかったのが真相だ。

将来性のある若い記者や産経の「正論」路線に共鳴していた心ある中堅・ベテラン記者は自ら会社を去っていった。残ったのは、筆の早い使い勝手の良い手練れた記者か、今さら「危ない橋は渡れない」という老頭児《ろーとる》記者ばかりとなっていた。

産経新聞社内には、例えば国の形を決める憲法の改正に表立って反対する人は一人もいない。かといって共産党組織のように一枚岩でもない。「正論」路線を蛇蝎の如く嫌う自称〝社会派〟の記者もいる。

チャイナ・ウォッチを折り込むだいぶ前から、米国の追加関税による一方的な制裁などの横暴を非難し、中国の姿勢を擁護する記事を書く記者が少なからず存在した。ほかにも、年長者というだけで、政治担当でも国際担当でもない門外漢が、パワハラまがいに幅を利かせ、かつてのような自由闊達な論争を遮るケースも横行していた。

会社も背に腹は代えられぬというのか。とうとう、チャイナ・マネーという麻薬に手を染めてしまったのかと思うと、押田は自分の記者人生を全否定されたような気がして残念でならなかった。押田は昭和から平成にかけ、産経新聞記者として世界を股にかけて活躍し編集・論説担当の専務取締役まで務めた男だ。だが、もう歳も歳だし、産経社内がどうなっているのか、退社した当時のようには耳に入らなくなっていた。

菅義偉政権は、菅官房長官がいなかったから短命に終わったと語られるが、産経新聞は、保守論陣の要で産経内左派への重しの役割を果たしていた押田がいなくなったために、読者の支持を失っていた。

それにしても、事態がここまで深刻になっていたとは、押田は思ってもみなかった。それだけではない。論調が変質していたのだ。甘いのだ。明らかに中国に甘いのだ。

震強駐日中国大使が台湾情勢をめぐり、「中国の分裂を画策すれば、日本全土が火の海になる」と発言した際のことだ。社説では発言の撤回と謝罪を求めたが、「国外追放すべきだ」と主張しなかった。震大使は外交官ではなく、中国共産党中央統一戦線工作部（統戦部）上がりの工作員である。ペルソナ・ノン・グラータ（好ましからざる人物）として、追放するのが当然だ。かつての産経なら日本政府にそれを強く促していたはずだ。

何だか、習近平の心内を代弁しているようでもある。まるで行儀のよくなった環球時報（共産党機関紙「人民日報」系タブロイド紙）だ。産経新聞の部数減がそれを如実に物語っていた。そんな報道ぶりに嫌気した古くからの読者が離れたのだ。

問題のチャイナ・ウォッチは、中国政府が運営する英字新聞社「China Daily（チャイナ・デイリー）」が発行する広告紙である。一見、新聞のようでいて、そうではない。党が管理し、中国政府が編集責任を持つプロパガンダ（政治宣伝）の道具なのだ。

新聞記事なのか、広告なのかが分からない紙面の作りになっているのが特徴だ。事実を伝える記事だと思って読んだ文章が実は、中国共産党政権の宣伝であることに気づかず、知らず知らずのうちに中国に都合の良い宣伝を鵜呑みしてしまうというわけだ。

チャイナ・デイリー社は、一九八一年に北京で設立され、二〇〇九年に米ニューヨークに上陸した。一時は首都ワシントン、シカゴ、サンフランシスコといった米国の大都市に支局を置くまでに規模を拡大してきたが、近年の米中関係の悪化から、二〇三五年現在、ニューヨーク支局を残すのみとなっている。

日本では毎日新聞を皮切りに、朝日、東京・中日、北海道、西日本の各新聞社が軒並み中国と提携し、チャイナ・ウォッチを折り込んでいた。

中国は、欧米諸国や日本など「西側」の大手新聞社に対する影響力の行使を目的に巨額の広告費を支払い、中国にとって都合のいい情報を掲載することで、各国の世論づくりに少なからぬ影響を与えてきたのだ。

旧民主党の野田佳彦政権が、尖閣諸島（沖縄県石垣市）を国有化した直後の二〇一二年九月二十八日のことだ。

ニューヨーク・タイムズ（NYT）紙、ワシントン・ポスト（WP）紙といった米国の大手新聞が中国の尖閣諸島に関する「広告」を一斉に掲載した。二ページを使った見開きによる広告で、「尖閣諸島は中国のものだ」とぶち上げた。

広告の大見出しは、「釣魚島（尖閣諸島のこと）は中国に帰属する」とし、紙面の真ん中に巨大な尖閣諸島の写真を掲載した。写真を囲むようにして、「中国人は、釣魚島の存在をかなり昔から知っていた」などと、愚にもつかぬ戯言（たわごと）を並べ立てていた。

狡猾なのは、これが広告ではなく、NYT紙の記者が書いた一般の記事であるかのように見せかけていたことだ。見る人が見れば、プロパガンダと一発で見抜ける代物なのだが、素人目には分かりにくい紙面構成となっていた。

両紙がチャイナ・デイリーから多額の金を受け取り、中国共産党政権に都合の良い「喉と舌」となっていることは周知の事実だが、日本の主権を侵す広告が堂々と掲載されていたのだから見過ごすわけにはいかない。

一九七二年に沖縄が本土復帰を果たす際にとったニクソン政権のあいまいな対応が、中国による日本の領土への揺さぶりを招いたのである。そんな事実を知ってか知らずか、あるいは、そんなこと、金さえもらえばどうでも良いと思ったのだろう。悪びれることもなく中国のプロパガンダに手を貸し、日本国民を憤怒させたのである。

ニューヨーク・タイムズとワシントン・ポストという二大紙はかねてより、親中的な姿勢で知られていたが、人権軽視の共産党独裁政権に寄り添うまでに劣化していたのである。

とりわけ、ニコラス・クリストフやノリミツ・オオニシという両元東京支局長の偏向報道は際立っていた。二人は戦前、反日報道で活躍した記者を彷彿とさせる。

〝長征〟と称して中国・奥地の延安を拠点に八路軍を率いていた毛沢東の太鼓持ちで『中国の赤い星』を執筆した米国人記者のエドガー・スノーやソ連のスパイ、リヒャルト・ゾルゲと親交のあったコミンテルン所属の米国人記者、アグネス・スメドレーである。

中国系女性を妻に持つクリストフ氏は二〇一〇年九月十日のコラムで、歴史的にも国際法上も日本固有の領土である尖閣諸島について、「はっきりした答えは分からないが、私の感覚では中国に分があるようだ」とテキトーなことを言っているから驚く。事実に基づかずに、感覚だけで語る姿勢は、およそ新聞記者とは思えない。日本の駐ニューヨーク総領事館の反論を受けて悔しかったのか、クリストフは二〇一一年一月二十日のコラムでも、

「私の見解は、中国の領有権の主張には揺るぎない歴史的根拠があるというものだ」と、根拠も示さず勝手なことを書いている。

この程度の男が、一九八九年の天安門事件をめぐり、妻のシェリル・ウーダンとともにピューリッツァー賞を受賞したというのだから、NYT紙も同賞も程度が知れている。にもかかわらず、「NYT紙は高級紙」などと崇め奉る日本の識者や新聞記者は筆者が知っているだけでも数知れず、産経新聞社内にもいた。権威とブランドに弱い卑屈な精神の持ち主はどこにでもいるものだ。

オオニシ（大西哲光）氏も胡散臭い。千葉県生まれの日系カナダ人というが、もっと自分の出自を明らかにしたらどうか。そう言いたくなるほど、彼の書く記事は朝鮮半島目線で、日本批判に満ち溢れていた。

NYT紙の東京支局長だったオオニシは二〇〇六年十二月十七日、北朝鮮による日本人拉致事件を「日本の右翼勢力があおり、政権が利用している」などと書いた。金正日総書記が日本人拉致が北朝鮮による犯行であることを認め、小泉純一郎首相に謝罪したにもかかわらずである。日本政府が反論文を寄稿したのは当然だ。国籍がカナダとはいえ、日本名を名乗っている。中学生のときに拉致された横田めぐみさんらのことを思うとき、日本人ならずとも日系人であるオオニシが「右翼勢力があおり〜」などと書く神経がまったく分からない。

NYTの元編集長のジム・エイブラムソンは、オオニシを「最高の記者」と評し、それをまた、朝日新聞が共鳴し合って大仰に取り上げている（二〇〇六年十月十三日付asahi.com「国際シンポジウム　ジャーナリズムの力」）。

この二人以外にも、NYT紙は例えば二〇一九年一月三十日付で、死去した韓国人の元慰安婦について、「旧日本軍の性奴隷であり、日本政府が正式謝罪や補償を拒絶してきた」などと書き、日本外務省から「事実無根」と反論されている。

それだけではない。NYT紙は二〇一三年一月三日の社説で、あろうことか同盟国日本の安倍晋三首相について、「右翼の民族主義者」と決めつけている。

チャイナ・ウォッチを折り込み、中国共産党から多額の金で買収されるとこうなる――という見本である。

ひと昔前までは朝日、読売と並んで「三大紙」という枕詞がついていた毎日新聞は、二〇一八年十二月七日、英紙ガーディアンに、毎日新聞は中国共産党政府の広告紙「チャイナ・ウォッチ」を折り込んでいると報じられた。

世界地図には六百六十万部という部数まで出ていた。毎日新聞元社会部長の小川一氏は同年十二月二十八日、フェイスブック（現メタ）に投稿した。言い分はこうだ。

「英紙ガーディアンの記事は中国のプロパガンダ政策を論じたもので、世界各国の新聞がその影響を受けていると指摘するものでした。記事本文に毎日新聞への言及は一切ありません。（中略）毎日新聞がチャイナ・ウォッチの印刷、配布に協力しているのは事実です。毎日新聞は国の壁を超えた新たなジャーナリズムの構築をめざして、アメリカ、韓国、インドネシア、ベトナム、そして中国の新聞と提携していますが、チャイナ・ウォッチへの協力はそうした事業の一環です。（中略）ただ、協力関係をつくるにあたり、間違ってもプロパガンダと思われないように、記事の選択、削除、発行取りやめの権利は毎日新聞社が持ち、中国の一方的な宣伝になるような政治の記事は除き、文化、芸術、スポーツ、観光などに絞った紙面にしたと聞いています（ここは伝聞調）。紙面を見るとそれは一目瞭然、プロパガンダとは無縁のものと分かります…」

長々と引用したのは、新聞社の禄を食んだ者同士という武士の情けからだ。中略としたのは、筆者（佐々木）にとって不都合な部分だからではなく、伝えたいこととは関係ない文言が並び、字数が無駄だったからである。

小川氏はチャイナ・ウォッチの件ですべてを把握していなかったのであろうが、何と釈明しようとも、中国共産党という人権軽視の悪魔と手を握った時点で毎日新聞は日本のメディアとして「詰んで」いる。チェスでいう「チェックメイト」だ。

いったい、中国からいくらもらっているのか。米国など他国の新聞社と提携しているというのなら、何をどのように提携し、金銭関係はどうなっているのか。

尖閣諸島をめぐる中国政府の態度に注文をつけ、チャイナ・ウォッチの発行を止めたことはあるのか。それとこれ（多額の広告費）は別だというのか―等について、明らかにすべきである。一時期、取材の必要上、仕方なくポケットマネーで毎日新聞の記事を買い取っていた身である。読者として知りたいものである。

テレビキャスターの辛坊治郎氏は二〇二〇（令和二）年九月二十九日、Xに写真付きでこう、投稿している。

「貧すれば鈍すというが、これは酷い。朝刊に中国の日報が各戸配布。朝刊の一面トップが中国の演説。メディアとして一線を越えてしまったようだ。『恥ずかしい』というより、とてもとても悲しい」

日報とは、チャイナ・ウォッチのことで、一面に「紫禁城600周年」の文字と写真が並び、毎日新聞の一面には国連演説の中身として、「中国　CO_2　60年実質ゼロ」の文字が躍る。二〇六〇年に実質ゼロなど、言うのは簡単だ。画餅であろう。むしろ、それまではCO2を排出しまくると居直っている。古い歴史を持つ一方、カーボンニュートラルを目指して世界の先端を行く昇竜・中国。習近平の思惑を代弁する毎日新聞による見事なまでの連携ぶりである。高い志を持って入社した毎日新聞の記者が不憫になってくる。

産経も産経だ。チャイナ・ウォッチを折り込むに至った経緯を紙面で読者に詳らかにすべきである。チャイナ・ウォッチのプロパガンダ記事の中から、スポーツや文化中心の紙面づくりを心がけているようだが、毎日新聞と同じ轍を踏んでいる。いずれは、北京の意向に沿って、政治記事もふんだんに盛り込まれていくだろう。

例えようのない疲労感に襲われ、押田は産経新聞を傍らに置いて目をつぶった。現場を走り回って取材していた遠い過去の記憶が走馬灯のように甦っては消え、やがて何も見えなくなった。

◆　◆　◆

中国共産党の浸透工作を担う両輪が、ＣＣＴＶ（中国中央電視台）などの官製メディアと孔子学院といった教育機関を装ったプロパガンダ機関である。これにチャイナ・ウォッチなどの小道具を絡め、影響力の行使に勤しんでいるのである。

米国務省は二〇二〇年二月十八日の記者会見で、五つの中国国営メディアの「米国における代表事務所」を一九八二年に制定された外交使節団法上の「外交使節団」に指定することを明らかにした。続いて六月下旬、中国国営メディアの「米国における代表事務所とその活動」を「外交使節団」に指定することを明らかにした。

国務省担当者は、中国国営メディアについて、「一〇〇％、中国政府あるいは中国共産党のために働いている」とし、外交使節団としての指定は、これらメディアを語る中国共産党組織が「中国のプロパガンダ機構の一機関」である実態に即したものだとしている。また、「中国共産党が常に中国の国営報道機関を厳しく統制してきたが、そのコントロールは近年厳しさを増しており、彼らの発信内容は、共産党の要望に合わせられており、およそジャーナリズムと呼べる代物ではない」と指摘していた。

中国共産党による浸透工作は、日本の場合、例えば、東かがわ市のような地方の都市から中央政府に至るまで多岐にわたるが、こうした中国のアプローチについて、防衛省防衛研究所がまとめた「東アジア戦略概観２０２１」が、興味深い論考を掲載している。

それによると、米国では二〇二〇年、ポンペオ前国務長官が、中国の脅威が米国内に浸透して米国民の身近に迫ってきていることを強調し、「我々は中国市民に門戸を開放したが、中国は我々の記者会見、我々の研究センター、我々の高校、我々の大学、さらには我々のＰＴＡの会合にまでプロパガンディスト（政治宣伝を目的とした工作員）を送ってきた」と述べている。

バー司法長官も「目先の利益のために、米国企業が、米国における自由と公開性を犠牲にしてまで、中国の影響力に屈服してしまうことが非常に多い」と指摘した。バー長官は実例として『ワールド・ウォーZ』(二〇一三年米国公開)や『ドクター・ストレンジ』(二〇一六年米国公開)などの米国映画を挙げ、「今やハリウッドは、世界最強の人権侵害者である中国共産党に媚びるために自分たちの映画の検閲を行っている」と批判した。

クリストファー・レイFBI長官も「中国と中国共産党が米国人を操るために活用」する方法として、「外国による悪意ある影響工作」を挙げた。レイ長官は、例えば、米国の政治家が台湾訪問を計画していることを中国当局が察知した場合に、その選挙区にある米国企業の中国工場の許可を取り消すといった脅しを行う、あるいは、当該政治家と親密な関係者に接近して「媒介者として中国のために行動」するよう関係者を取り込み、台湾訪問を取りやめるよう、その政治家を説得させる、ということが行われていると指摘した。また、こうして中国に「取り込まれてしまった関係者」は、説得する対象の政治家に「中国共産党の手先」となっていると明らかにすることはないし、本人も「手先として使われていることに気付きさえしないことがある」と警告している。「役に立つ馬鹿」である。

米連邦議会においては、二〇一九年十二月に成立した二〇二〇会計年度国防授権法に、国家情報長官室(ODNI)内に「外国による悪意ある影響工作対応センター」を設置する規定が盛り込まれた。同センターは、ロシア、イラン、北朝鮮、中国が公然・非公然の手段により行う、米国の政策と世論に影響を与えるための敵対的活動を意味する「悪意ある影響工作」について、米国政府が取得したすべての情報の分析と統合を行い、米国政府の職員と政策決定者、議会に対し、包括的な評価、兆候、警告を提供するとともに、要請に応じて対応策の勧告を行うという。

また、同法では、ODNIの国家カウンターインテリジェンス・保安センター（NCSC）に対して、中国共産党において、対外活動を担当する中央統一戦線工作部の名前を挙げて、「米国における中国共産党による影響工作とキャンペーンに関する年次報告」を提出することを定める規定も盛り込まれていたという。

こうした中国による米国内での影響工作に対して特に脆弱であると認識されたのが、州以下のレベルというのだ。東かがわ市のケースと同様である。

二〇一八年九月二十五日、ダン・コーツ国家情報長官は、中国の米国内での影響工作について触れた演説で、「中国政府は持てるすべての能力を活用して、米国の政策に影響力を行使し、プロパガンダを流布し、メディアを操作し、学生を含め、中国の政策に批判的な人々に対して圧力」をかけており、さらには、「米国の州および地方政府、その職員を標的にして、連邦と地方レベルの間の政策の間隙」を利用し、「投資その他のインセンティブを使って影響力の拡大を図っている」と述べた。

マイク・ペンス元副大統領も、二〇一八年十月四日、保守系シンクタンク「ハドソン研究所」において行った対中政策演説で、中国による米国の州・地方を標的にした影響工作に言及した。

さらに、ポンペオ国務長官も、二〇二〇年二月八日の全米知事協会に対する演説や九月二十三日の五大湖に面した中西部のウィスコンシン州上院に対する演説において、中国側が「弱いつなぎ目」と認識している州政府以下の地方に影響工作を仕掛けているとして、「協力や友好」を装った中国外交官などからの働き掛けに注意を喚起した。

まさに、東かがわ市や釧路市がこれに当たる。こうした危機感の高まりを背景に、米政府は、中国政府の特に州・地方・市政府レベルへの働き掛けを制限するための措置を打ち出していった。これは正しい措置で、イデオロギー的にも、国家戦略的にもしっかり組織化された中国共産党とその関連団体は、米国の州政府や日本の地方自治体がどうこうできる相手ではないのである。それだけ巨大で危険な相手だから、国家が手を打つのは当然で、それに鈍感な日本政府は米国を見習うべきである。

二〇一九年十月二十一日付の米連邦官報で、米国務省は中国の外交使節団の構成員が「米国の州、地方、および市政府の代表者」との間で行うすべての公的会合や米国の教育・研究機関に対するすべての公的訪問を国務省を通じて提供されるべき便益と規定し、中国の外交使節団の構成員が、これら公的会合・訪問を計画する場合は国務省に事前通告を提出することを求めることとした。

さらに、国務省は、二〇二〇年七月六日付連邦官報で、事前通告の対象を拡大した。すなわち、米国を一時的に訪問する中国政府の職員が、非公式な会合を含め、州・地方・市政府の「職員」(選出公務員、任命公務員、代表者、被雇用者を含む)との会合にも、事前通告を求めるようになった。

中国によるメディアを使った浸透工作、影響力行使の実態は今、米国の具体的事例をもって述べてきた通りである。

こうした実態をきちんと伝えることのできる大手メディアは、かつては産経新聞だけだった。十年後に、チャイナ・ウォッチの折り込みを入れないで済むよう、産経新聞記者には真実を伝えるというジャーナリズムの矜持を忘れず、経営陣には経営責任をしっかり自覚し、金の面で正論路線に傷をつける事態を招くようなことになれば、腹を切る覚悟を持ってもらいたい。さもなければ、先人や読者、心ならずも社を去らねばならなかった人々に申し訳が立つまい。

バッドシナリオ Ⅱ

社会不安を掻き立てる中国人

❻ 移民同士が大乱闘

惨劇は、東京屈指の繁華街・池袋近郊で起きた。

ＪＲ池袋駅からほど近い繁華街のはずれにある羊肉を使ったケバブ料理店。手に武器を持った柄の悪い複数の男たちが店内になだれ込み、大乱闘となった。

トルコ国籍の店員と客ら計十人が襲われ、二人が死亡、八人が重軽傷を負った。襲った中国人らも一人が死亡、二人が重体、十人が重軽傷を負った。

近くの交番や警視庁池袋署から制服姿の警官十人ほどが駆け付けたが、如何せん、男らは手に手に殺傷力の高い武器を持っている。数人の警官が透明の盾を持ち、腰の拳銃を抜いて構えたものの、振り上げた鉄パイプで威嚇されて及び腰に。制圧するどころか、彼らと距離をとりながら、応援が駆け付けるのを待つのが精いっぱいだった。

殴り合いのケンカ程度なら面白半分に群がる野次馬も、今回ばかりは身の危険を感じたのだろう。我先にとばかり逃げ出していた。

現場は中国語や聞き慣れない言葉による怒声が飛び交っていた。手にナイフを持ち、返り血を浴びて興奮状態で何をしゃべっているのか分からない男や、出血した腹を両手で押さえながら路上に倒れ込むトルコ系の男らで騒然とした。かつて、日本国内では広域暴力団同士による派手な抗争事件が頻発したが、それでもここまで大がかりで血を見る凄惨な現場はなかった。

二〇二八年六月二十五日の昼下がり。鉄パイプやナイフを持ち、肩を怒らせた男たちが殺気に満ちた表情で繁華街を小走りで通り抜けていった。その数およそ、五十人。

幸い、授業中で児童らはいなかったが、男らが通っていったのは、道路の表面を緑色で染めたスクールゾーンである。上半身裸だったり、シャツの袖をまくったり、背中や腕に刺青を入れている者が目についた。

襲ったのは、チャイニーズ・マフィアのメンバーで、中国籍の男らだ。池袋界隈を中心に華人（中国からの帰化人）や華僑（中国籍のまま海外に移住）、日本の反社会組織のメンバーを相手にした闇金などで、主な生計を立てていた。

襲われたのは、トルコ国籍の男らである。埼玉県川口市の解体業が同郷の仲間で飽和状態となり、新たな職を求めて南下し、池袋を拠点にケバブ料理店を数店、展開するまでになっていた。

大乱闘になったのは、トルコ系の二十代の男が遊ぶ金欲しさに中国マフィアの闇金に手を出すという金銭トラブルがきっかけだった。池袋の路上を歩いているところを中国マフィアの男らに見つかり、暴行を受けて重傷を負ったことに対し、トルコ系の仲間が報復して刃傷沙汰に発展し、不穏な空気が漂っていた矢先のことだった。血で血を洗う報復の連鎖である。

そのころ、池袋の繁華街はチャイニーズ・マフィアが牛耳り、事実上、治外法権化していた。一九九二（平成四）年に暴力団対策（暴対）法が施行されてから、広域に展開していた山口組や住吉会といった指定暴力団の資金源が断たれ、日本の暴力団が弱体化していった間隙を縫って勢力を伸ばしてきたのが、中国マフィアである。凶悪事件も仲間内で闇から闇へ葬り去り、日本の警察もアンタッチャブルの世界となっていた。下っ端を摘発しても手柄にならず、言葉の壁などもあって事件化するのは容易でなかったためだ。日本人の被害者が出ない限りは警視庁も動こうとしなかった。

だが、さすがに今回ばかりは機動隊も出動し、中国系、トルコ系双方の関係者計十数人を何とか現行犯で逮捕することができた。しかし、結局、直接トルコ系の男性殺害に加わった中国系の男性らを含め、いずれも不起訴処分となった。

地元の日本人住民らが不満の声を上げたが、マスコミも人種問題が絡むことを嫌ったのだろう。警察の対応を批判し、移民らに厳しい姿勢をみせれば、人権派や自称リベラルから、「差別主義者」のレッテルを貼られる恐れがあることから見て見ぬふりを決め込み、住民の声も、いつしか萎んでいった。

あきらめきれないのは、仲間二人を殺されたトルコ系のグループだ。埼玉県内から仲間を呼び寄せ、さらなる報復の準備を着々と進めていたのだった…。

◆　◆　◆

クルド系移民による暴動は、五年前、東京近郊の埼玉県川口市で実際に起きていた（川口クルド乱闘事件）。移民同士の大乱闘は架空の話と片付けられないのである。

二〇二三年七月四日午後九時ごろ、市内の総合病院「川口市立医療センター」周辺に百人近い外国人が集まった。トルコ国籍のクルド人とみられる。騒ぎは翌五日未明まで続き、周辺住民を恐怖に陥れた。

前代未聞の事件は四日午後に発生した。トルコ国籍の二十代の男性が、市内の路上で複数のトルコ国籍の男らに襲われ刃物で切り付けられた。

ＳＮＳで事件を知った仲間だろう。男性が救急搬送された医療センターに、加害者、被害者双方の知り合いが集まったから大変だ。被害者のクルド人関係者とみられる男らが救急外来の入口の扉を開けようとしたり、大声を出したりしたため、周囲は騒然とした。

病院は警察に通報し、救急搬送の受け入れを停止する事態となった。川口市立病院は埼玉県南部の川口、戸田、蕨の三市で唯一、命に関わる重症患者を受け入れる「三次救急」という指定病院である。

この日は、幸いにも命にかかわる救急搬送はなかったというが、とても救急車が入れるような状況ではなかった。重篤な患者を乗せた救急車がやって来ても、クルド人らが騒ぎ立てている中で病院内には搬送できなかったろう。平和に暮らす日本人の命を脅かす許されざる行為である。他国に来ていったい、何をやっているのか。

埼玉県警からは多数のパトカーや機動隊が出動し、男二人が暴行や警官に対する公務執行妨害の現行犯で逮捕され、別の男四人が男性に対する殺人未遂容疑で逮捕された。騒ぎを目撃した飲食店の女性は、「男たちが、わずかな時間に次々と集まってきた。サイレンが鳴り響き、外国語の叫び声が聞こえた。とんでもないことが起きたと思い、怖かった」と語っている（二〇二三年七月三十一日付産経新聞朝刊）。

筆者も現場に足を運んで直接取材した。地元の関係者によると、被害者のクルド人は全身を十数カ所刺されたが、一命は取り止めた。これはナイフの使い方に慣れたクルド人が、致命傷になる箇所をピンポイントで避けたからだというから、恐ろしいではないか。

つまりは、ナイフを使った喧嘩に慣れているのだと、関係者は言っている。元々遊牧民で家畜とともに生きる伝統と歴史を持つクルド人は、子供のころから生活必需品としてナイフの扱いに慣れ親しんでいたと関係者は胸を張る。

今、紹介したような殺人未遂事件だけではない。川口市内では、深夜の騒音や改造車による暴走行為など、クルド人による日常的な迷惑行為や触法行為が頻発し、治安が年々、悪化している。

事態を見かねた川口市議会は、国や県などに対し、「一部外国人による犯罪の取り締まり強化」を求める意見書を可決した。名指しこそしていないが、クルド人を念頭に置いたものだ。れいわ新撰組の女性市議も賛成し、後に離党を余儀なくされている。それほど、触法クルド人らの狼藉が酷かったのだ。

西川口は二〇一六（平成二十八）年に改正された川口市の条例で、風俗店が軒並み退去したり店じまいしたりした。

その後に中華料理店が入り込み、チャイナタウン化し始めている。もともと蕨市に多く住んでいたクルド系の住民が年々移り住み、治安が極端に悪化している。

ワラビスタンー。「スタン」は、ペルシャ語で「土地や国」を意味する。アフガニスタンやパキスタンなど、イスラム教国にみられる国名を文字って、そう呼ばれているのが川口市界隈や隣接の蕨市周辺だ。もともと鋳物産業で栄え、東京に近く家賃も安いことから在日朝鮮、韓国人らが多く、最近では中国やベトナム人らもやってくるようになった。

川口市は現在、人口約六十万人のうち外国人住民数が約三万九千人と人口の六・五％を占め、令和二年からは東京都新宿区を抜いて全国で最も外国人の多い自治体となった。トルコ国籍者も国内最多の約千二百人が住んでおり、大半がクルド人とみられる。トルコ国籍のクルド人の多くは祖国での差別や迫害などを理由に日本で難民申請しているが、認定された人はほとんどおらず、不法滞在の状態が続いている人も少なくない。

クルド人は、トルコやシリアなどを中心に三千万人いるとされ、それぞれの国では少数民族のため、「国を持たない最大の民族」と呼ばれている。トルコと日本の間には短期滞在査証（ビザ）免除の取り決めがあり、観光や会議への出席などを目的とする三か月以内の短期滞在についてビザは不要だ。こうした渡航の容易さから一九九〇年以降、多くのクルド人が来日するようになった。

在日クルド人は、シリア内戦やトルコ国内での差別や迫害を理由に難民申請をするケースが多いが、トルコ国内にはクルド系の国会議員や実業家もおり、一概に差別や迫害を受けているかどうかは疑わしい。

実際は、「日本の解体業は金になる」という仲間の噂を聞きつけ、「ひと儲けを狙った渡航者が少なくない」（政府関係者）とみられる。

三か月たってまだ日本にいたとしたら不法滞在である。ただ、これまでの制度では難民申請をすれば、強制送還の手続きが止まる仕組みになっているから厄介なのだ。法の不備はただちに是正する必要がある。その意味で、外国人の収容・送還に関するルールを見直す改正入管難民法が二〇二三年六月に成立したのは半歩前進だ。

法律は、不法残留する外国人を強制退去させることが難しく、入管施設での収容が長期化している現状を改める措置だ。残留目当てで難民申請を悪用することがないよう、無制限だった申請回数を原則二回にすることなどが柱である。不法残留者であっても人権に配慮すべきは当然だが、その一部が治安を脅かしている現実から目をそらすわけにはいかない。厳正な出入国管理は国家の責務だ。

ただし、改正法が成立したとはいえ、本来は不法滞在で送還が決まり、入管施設に収容されるべき人が一時的に収容を解かれて「仮放免」されているケースも多く、運用のあり方に大きな問題が残る。二回目の難民申請が認められなかったから帰国するという人ばかりではあるまい。仮放免という特例を使って行方をくらます不届者も出てこよう。

コロナ禍で、施設内でのクラスター発生を恐れた入管当局が必要以上に収容者を仮放免してしまっていた。これは筆者が入管当局者と対面取材した際に、担当者の口から直接聞いたことだ。仮放免された者の中には、失踪した者も少なくない。

法務省出入国在留管理庁によると、二〇二二(令和三)年十二月末現在、仮放免者二千五百四十六人のうち、逃亡者は約千四百人(令和四年)に上る。

後見役の弁護士の中には悪質な者もいて、仮放免者の逃亡をむしろ、「積極的に手助けしているとしか思えない者もいる」(出入国在留管理庁関係者)という。

こんな弁護士や弁護士法人は、弁護士法や日本弁護士連合会の会則違反で処分すべきだ。所属弁護士会の秩序や信用を害したり、その他職務の内外を問わず、「品格を失うべき非行」があったとき、懲戒(弁護士法第五十六条)を受けさせることができる。

懲戒には、戒告、二年以内の業務停止、退会命令、除名の四種類がある。こんな悪徳弁護士は、事実関係を明らかにした上で、バッジを没収すべきである。

クルド系だけではない。中国系移民も誰憚ることもなく、日本で派手な乱闘騒ぎを起こしている。川口クルド乱闘事件の前年の二〇二二(令和四)年十月十六日、池袋の高層ビル「サンシャイン60」五十八階にあるレストランで、中国残留孤児二世などでつくる不良グループ「チャイニーズ・ドラゴン」のメンバーらが、百人規模の乱闘騒ぎを起こしていた。彼らがいつまた暴れるか、地元住民は戦々恐々だ。筆者が取材した飲食店の店主がそう言っていた。

朝日新聞など左派メディアや立憲民主などの野党議員らは、「多文化共生」などと耳に心地良いことばかり言って臭いものに蓋をするだけして責任をとらず、そのツケを払わされるのは、罪のない子や孫の世代である。

他文化を強制された古くからの日本人住民が委縮せず安心して暮らせる社会を続けるためにも、治安対策を強化するのはもちろん、日本政府が否定する〝移民政策〟を抜本的に見直さなければ、この国は大変なことになる。

❼ 中国人留学生が一斉蜂起

習近平国家主席が年内までの台湾併合を宣言した二〇二七（令和九）年六月四日昼前、留学中の中国人学生らが一斉に蜂起した。

一千人はいるだろうか。習の宣言を待ってましたとばかり、大学のキャンパスに同志を集め、「抗日無罪」の雄叫びの声を上げたのだ。風貌から、大学生だけではなく、中には高校生や社会人も紛れ込んでいたのは明らかだった。中国人だけではない。民間の日中交流関連団体や社民党系団体に所属する日本人関係者の姿があったことも、警視庁公安当局の調べで判明した。

「中国分裂を企てる日本鬼子に同調すれば、日本の民衆は火の海に巻き込まれて悲惨な末路を迎えることになるだろう！」

リーダー格の早稲田大学社会科学部五年の王志銘（二四）。東京・西早稲田の早大キャンパス内にある大隈重信公の銅像の前で、ハンドメガホン片手に福建訛りの中国語でがなり立てた。大隈講堂を見下ろす位置にビールケースを逆さにして急ごしらえの演台に上った王は、集まった学生らの拍手と歓声に顔を上気させ、自らも右手の拳を突き上げた。

マンモス大学だけに普段は行き交う学生で賑わうキャンパスも、この時間帯は授業中とあって学生もまばら、のはずだった。しかし、動員を駆けられたのだろう。朱色の旗はざっと見ただけでも数百本ある。中でも、早大応援部が誇る大校旗もたじろぐほどの大きな五星紅旗は異彩を放ち、小旗とともに早大キャンパスを朱色に染め上げていた。

日本人学生は見慣れぬ光景を遠目に眺めているだけ。騒音に文句を言ったり、注文をつける学生もおらず、自分は関係ないとばかりに足早に立ち去る学生がほとんどだった。

唯一、六号館付近でトラブルが起きていた。学生サークル「国策民族研究会」所属の日本人の男子学生一人が、中国人留学生に囲まれて殴る蹴るの暴力を振るわれ、服は引きちぎられ、頭から血を流す騒ぎとなってていた。被害に遭った男子学生は、授業時間帯におけるアジ演説による騒音やシュプレヒコールなど中国人留学生らの傍若無人な振る舞いに平和的に抗議したところ、突然数人に襲われたのだという。

早稲田大学だけではない。都内では、東大、一橋大学、東京科学大学、電通大学、学芸大学といった国立大学はじめ、公立の都立大学や明治や法政といった有名私立大学でも中国人留学生を中心とした「抗日無罪」集会が行われた。都下に配置された警視庁公安部と所轄の警備当局もすべてを把握しているわけではないが、総勢一万人は下るまい。

同様の動きは、旧七帝大を中心とした比較的中国人留学生のいる国立大学で、大なり小なり、中国人留学生による「抗日無罪」集会が開かれていた。

これだけの規模である。命令一下、動員を駆けられたのは明らかだ。指示を出したのは他でもない、在京中国大使館と総領事館である。

中国人は本来、宗族や出身地で固まる傾向があり、米国人などのような愛国心などかけらもないのが実態だ。監視の目が怖くて、中国共産党当局に言わされている学生がほとんどだ。そうでなければ、巨大な五星紅旗など持ちようがない。五星紅旗の小旗ですら、自宅にあるかどうか疑わしいのである。

それが証拠に手際が良かった。それぞれのキャンパスで集会を開いた中国人留学生は事前に所轄の警察署にデモ行進で路肩を使うため、道路申請許可を出していた。王ら早大の留学生らはキャンパス内を闊歩した後、五星紅旗を靡かせながら校外に出て、他大学と合流するために一部はJR高田馬場駅前のビッグボックス前や新宿歌舞伎町の〝トーヨコ〟周辺に分散して繰り出した。

見過ごせないのは、留学生の豹変ぶりだ。普段は素行も悪くなく、むしろ、勤勉で模範的だった学生の一部が、早稲田大学周辺の商店街に乱暴を働いたのだ。

大隈公の前でシュプレヒコールをあげた後、ＪＲ高田馬場駅まで向かう途中のことである。早稲田通りの歩道を練り歩く中国人留学生らのデモ行進が「商売の邪魔になる」と文句をつけた古本屋の高齢の男性店主に対し、商品の古本を数冊手に取って投げつけたのだ。店先で売っていた百円均一の古本を並べたケースも蹴り倒し、店の本棚にあったレーニン全集まで数冊抜き出して店内の床にぶん投げたのだった。

早大商学部の出身で数年前に小さな出版社を定年退職した商店主は昔、六十年安保闘争のときに過激派「日中戦線」のゲバ学生で公務執行妨害の現行犯で逮捕歴があった。かつてはシンパシーを抱いていた中国だが、今やその留学生に乱暴されて、やられるがままなのだ。過ぎ去った年月を恨む間もなく、店内の掃除に追われていた。

集合場所の一つ、新宿歌舞伎町のトーヨコ周辺には、五星紅旗とともに、自治労系や日教組など労組団体など赤や青色の旗が林立し、〝日本軍国主義者〟や米国を指弾し、習近平の「台湾統一」を支持するリレー演説を行っていた。

情けないのは、日本政府だ。立憲民主と共産両党による連立政権は、習近平による「核の恫喝」に屈し、日中港湾条約を締結させられてしまっている。留学生らのデモが暴徒になる気配を見せつつある中、警視庁はじめ国内の警察当局に厳しい取り締まりを指示できずにいたのだ。何しろ、国家公安委員長が親中派というより、警察庁から「中共の工作員」と認定されたことのある松上新平参院議員なのである。二〇三一年、紅野太郎首相が靖国神社を解体した際には、官房長官まで出世を果たしている。

松上長官は国家公安委員長就任前の二〇二〇年ごろ、東京・秋葉原に存在した中国の「海外110番」（闇警察）の高級顧問をしていたことがある。紅野首相も一目置くほどの媚中議員であり、三階俊博元自民党幹事長らとともに、公安当局の監視対象者でもあった。

それでもまだ、デモ隊による示威行動は日本人学生のキャンパスライフに大きなダメージを与えてはいなかった。

深刻なのは、この後だった。在京中国大使館の呉江弘大使は本国の対外工作機関「中央統一戦線工作部」からの訓令を受け、中国人留学生組織のリーダー、王志銘に指示を出したのだ。反スパイ法を国外適用し、反中国的な日本人学生を拘束、中国国内で収監するためである。

「反党的な民主活動家を支援する日本人学生の住居を突き止め報告せよ」

◆　◆　◆

在日中国人による大規模デモで、多くの日本人の記憶に新しいのは、二〇〇八（平成二十）年四月二十六日に行われた長野市内を出発地とする北京オリンピック・パラリンピックの聖火リレーであろう。

在日中国人留学生組織「学友会」が在京の中国大使館の命令一下で動員され、四千人あまりが長野市内の善光寺周辺に集まった。巨大な五星紅旗や手持ち用の小旗は中国大使館が用意した。中国のイメージダウンにつながる暴力行為やマナー違反に注意するようよびかけるビラも配られたが、これは彼らの行動を警戒する日本人の目を誤魔化す〝おためごかし〟に過ぎなかった。

日本のマスコミは「中国人の負傷者が四人出た」などと、寝とぼけたことを報道していたが、実際には四千人の中国人留学生や工作員らは暴徒と化し、警官にまで乱暴を振るうありさまだったことは、当時現地にいた人が撮影した動画等で明らかだった。実際には日本人数十人が重軽傷を負っていたのである。

産経新聞によると、東京都西東京市の自営業、中川章さん（五七）は、中国国旗の旗で殴られ全治三週間のけがを負った。中川さんは知人の地方議員たちとともに日の丸とチベットの小旗を振りながら善光寺の境内から聖火リレーの沿道に向かっていた。すると、市役所近くの交差点で中国人の集団にいきなり、巨大な中国国旗で妨害され、若い中国人の男に旗ざおで左手の甲をたたかれ、小旗をもぎ取られ、旗ざおで後頭部を殴られた。旗ざおといっても長さ二メートル以上、直径三センチ以上もあるアルミ製で、旗が付いていなければ間違いなく凶器準備集合罪だと憤って語っていた。

中川氏の七十歳すぎの知人も若い女に腹をけられ、「フリーチベット」のプラカードはビリビリに破られた。警察官が三人ほど駆けつけてくれたが、警官も旗ざおで殴られていたという。にもかかわらず、警察官は中川さんらと中国人グループを引き離して「あっちに行かないでくれ」と叫ぶばかりで、目の前の犯人を捕まえてくれなかったと憤る。

中川氏は結局、頸椎ねんざで全治三週間、二十人近くの仲間が暴行を受け、頭や背中にけがをしたという。女性も老人もお構いなしで、中国人留学生らに暴力を振るわれた。

事件は、五月四日になって、ようやく産経新聞が報じた。六日に胡錦涛国家主席が来日するため忖度して報道を控えたのではなかろうか。こと中国となると、日本のメディアはどこまでも及び腰なのである。日本のマスコミは国会議員同様、われわれ（中国共産党政権）が圧力をかければ、いとも簡単に言うことを聞き、「報道しない自由」を発動する――。そんな風に足元をみられているのではなかろうか。そうだとしたら、長野での留学生動員の際のマスコミの情けない対応が中国側を増長させてしまったとしか言いようがない。

既視感を覚えるのは、二〇二三（令和五）年七月四日に埼玉県川口市で起きたクルド人による暴動事件だ。トルコの少数民族クルド人ら約百人が病院周辺に殺到、県警機動隊が出動する騒ぎとなり、救急の受け入れが約五時間半にわたってストップしていたのだ。こんな重大な事件が起きていたのに、報じたのは産経新聞だけだった。ただ、産経新聞も情けないのは、報じたのが事件から約一か月たった七月三十日になってからだった。

編集局の一部には、クルド人問題に触ると人権屋が出てきて面倒なことになるから、なるたけ見て見ぬふりをする雰囲気があったという。もっと驚くのは、人種差別になりかねないから社説で取り上げるべきではないと主張する古参記者がいたことだ。残念としか言いようがない。他紙は押して知るべしだ。

こうした中で取材を主導したのは、大阪社会部出身のベテラン編集長とその部下だった。大阪社会部にはまだ、権力者やノイジー・マイノリティー（声の大きい少数派の利権屋）などに阿らない新聞記者の矜持が残っていたのは救いである。

さて、長野・善光寺周辺への留学生の動員だが、在日中国人ジャーナリストの徐静波が果たした役割が大きい。この年の五月に来日した胡錦涛国家主席は徐と面会した際、「祖国はあなたの貢献を決して忘れない」と語っている。徐は一九九七（平成八）年から十三年間連続で、中国共産党全国代表大会、中国人民代表大会の取材を許された唯一の在日中国人ジャーナリストというのが売りだ。

中国のような一党独裁国家にジャーナリズムなどあるはずもなく、したがって、徐は誰もがその役割を疑わない中国共産党の歴とした工作員だったのである。だいたい、共産圏はじめ独裁者が支配する権威主義国家の対外工作員は、カメラなどを持って堂々と国内外を行き来できるジャーナリストを装うケースが少なくない。旧ソ連ではノーボスチ通信やタス通信の記者の大半がそうであったし、現代でも新華社通信や中国中央電視台の米国特派員はみな、濃淡はあっても中国共産党中央統一戦線工作部の工作員であったり、中国共産党直属の党外交を担う中国共産党中央対外連絡部（中連部）の工作員とみなされている。

それが証拠に、米司法省は二〇一八年九月、中国国営新華社通信と中国環球電視網（CGTN）等に外国代理人登録法（FARA）への登録を義務付けた。

新華社とCGTNは同法への登録で年間予算や支出、両媒体の所有構造などの情報開示を求められることになった。FARAは、外国政府のために米政策当局や世論に影響を及ぼそうと試みる機関や個人に米司法省への登録を義務付けている。

ふだんは素行の良い善良な留学生であっても、内部では留学生同志を監視し合い、それをレポートにして在京大使館、各地の総領事館の統戦部担当者に報告している。

平時ですら、このありさまだ。台湾有事等、日中間に緊張が高まった際、彼らはどう豹変するのか分かったものではない。中国本国に残した家族や親戚を人質にとられ、命令に従わねば強制帰国と重罰が待っている。白いオセロが一瞬で黒色にひっくり返るのは目に見えている。

実際、優秀で品行方正な中国人留学生が警視庁公安部にスパイ容疑で摘発される事件が起きている。二〇二二（令和四）年七月のことだ。中国籍の元留学生、王建彬容疑者（三六）だ。人民解放軍のサイバー攻撃部隊「61419部隊（山東省青島市に拠点）」に所属する女からカネを受け取り、日本へのサイバー攻撃に関与していた。

日本政府は福田康夫政権のころから、留学生三十万人計画をぶち上げている。労働力不足が予測されるため、あらかじめ留学生として労働力を確保しておこうという狙いが日本政府にはあったが、これが大きな間違いである。来日するのは、単純労働者ではなく、教育水準の高い中国共産党の工作員なのである。命令一下、善良な中国人留学生もオセロの石のように豹変させるのが中国共産党の中共たる所以である。

ただ帳尻を合わせれば良いという問題ではない。日本政府は闇雲に留学生を受け入れるのではなく、ビザを発給する際にいろいろな条件をつけるのと同じように、日本として受け入れ可能な中国人留学生の割り当てを決めるべきであり、その際、共産党幹部や軍幹部の子弟でないかどうかなど、主権国家として素性をしっかり調べるべきである。それを差別だなんだというのは筋違いであるし、それを差別だというなら、北朝鮮の人々をなぜ入国させせないのかを考えたら良い。日本政府は何ら遠慮する必要はないのである。

入り口は戦略的に絞らねばならない。すでに日本に居住している留学生については、日本の公安当局が平時から中国人留学生の動向に目を光らせる必要がある。

誰が中国大使館員と頻繁に接触しているのか。中国公安当局がやっていることを日本の公安当局も相互主義に基づいてやるだけのことである。

❽「日本人お断り」の中華街が京都に出現――

十年前の一時期、京都の街を歩く舞妓や芸妓を追いかけて写真を撮る〝パパラッチ〟の姿が話題となった。ほとんどが外国人観光客で、置屋(おきや)が「撮影禁止」や小路への「出入り禁止」の張り紙を出したことを報じたニュースを見た人も少なくないだろう。オーバーツーリズム(観光公害)が招いた残念なワンシーンである。

ところが今やどうだ。当の日本人観光客が「立ち入り禁止」にされてしまったのだ。張り紙を出したのは、中国系の不動産会社である。二〇三四年の師走のことだ。

この年は、中国系企業が運航する大型クルーズ船が鹿児島県奄美大島に入港したり、夏の参院選で特定枠から中国系移民の候補者が自民党から初当選するなど、経済・軍事大国となった中国の日本国内における存在が異常に高まった時期でもあった。

飛ぶ鳥を落とす勢いの中国系不動産会社が、廃屋となり解体を待つばかりとなっていた京町屋を買い漁っていたのだ。習近平国家主席による独裁体制が強まるのに伴い、個人資産を海外に移して不動産に投機したり、将来的な移住を考える中国人が増える中、手ごろな価格で買うことのできる京町屋が恰好のターゲットにされたのである。

「日本人立ち入り禁止」看板設置のきっかけは、京町屋を保存したいという昔ながらの京都市民と、投機目的で買い取り、中国人観光客を相手に民泊を経営する中国系企業の間で摩擦が表面化したことだ。郷に入っても郷に従わず、夜中の歓声や花火、買い食いによる路上へのゴミ捨てなど、傍若無人に振る舞う中国人観光客に対し、地元住民の怒りが爆発し、とうとう町内会の役員会で怒声が飛び交う大騒動になってしまったのである。

民泊の経営のあり方に注文を付けられて逆切れした中国人不動産業者が、京町屋の一角を買い占めて日本人を「出禁」にする強硬措置に出たというのが、大よその流れだ。

もともと、地元の人は民泊などを利用しないから実害は少ないが、事情を知らない日本人観光客は予約を拒否されて面食らうケースが少なくなかった。

問題なのは、そんな一角が一つや二つではなく、京都市内にある六つの花街すべてに出来てしまったことである。上七軒、祇園甲部、先斗町、祇園東、嶋原、宮川町の六つの花街のうち、まず最初に狙われたのは、清水寺と八坂神社のちょうど中間地点に位置する宮川町だった。登記簿を調べると、所有者は、中国の資本家から香港ファンド、シンガポールファンド、日本の不動産会社、日本の個人投資家とたどり、登記上は日本人が所有者でも、実態は中国系資本が所有していることなど、ザラだった。

街中を歩いていると、気を付けて眺めなければ気づかないが、地図で見るとまさに虫食い状態で、古都が外資に食い荒らされてしまっていたのである。

花街だけではない。京都市東区の清水寺周辺も大変なことになっているのだ。八坂神社界隈には工事中の場所が目立ち、掲示板を見ると香港系の企業の所有となっていた。このエリアは観光客こそ多いが、いろいろと歴史にまつわる暗い伝承話があって居住者や物件購入者が少なかった。しかし、そんな風評などどこ吹く風とばかりに目をつけた中国系資本が、資金力に任せて買い漁ったのである。

京都市の条例に従い、景観こそ周囲に溶け込むように改築されている。だが、悲しいかな、そこは外資系企業の性である。日本の居酒屋を模した店構えがどこかぎこちない。欧米からとみられる外国人客が日本の居酒屋と勘違いして入店し、日本の店は味もサービスもまるでダメだと誤解して帰っていくのがパターン化していた。

そうした中での「日本人お断り」という中国系京町屋の登場である。置屋が減るのに従って舞妓や芸妓も減る一方、街が民泊の賑やかなネオンに染められていく。変わりゆく古都の風景に、昔日の面影を探すことが難しくなってきた。

二〇二二年に施行された土地利用規制法は、自衛隊の基地など日本の安全保障上、重要な地域での土地利用を規制する法律で、施設の周囲およそ一キロ内や国境近くの離島を「注視区域」に定めることができる。区域内で大きな構造物を立てて電波を妨害したりライフラインを寸断したりといった日本の安保を脅かす土地利用を確認すれば、所有者に中止を勧告・命令できる内容だが、京町屋には該当しない。

かつての首都で天皇陛下がおられた場所が無宗教で神社仏閣に縁のない中国資本が津波のように押し寄せてきたのである。日本人も「出禁」で歩けない古都とは何なのか。

二〇三一年夏、紅野太郎首相によって靖国神社、護国神社が解体された。ここ京都でも、日本の生きた文化・歴史の街並みが色褪せ、徐々に朱色に染まっていくのだった。

◆
◆
◆

二〇一八（平成三十）年一月のことだ。古都に衝撃が走った。中国系資本による「町の買い占め」が明らかになったのだ。中国系米国人の投資家、薛蛮子（せつ・ばんこ）氏が「京都の通りをひと思いに購入した」と中国版ＳＮＳ「微博（ウェイボー）に」投稿したのだ。翌日には十一軒の古い町屋が立ち並ぶこの通りを勝手に「蛮子花間小路」と命名し、古都に対する自分の妄想で石畳に改装する工事を始めてしまったのである。

これを報じたNHKによれば、中国の投資会社「蛮子投資集団」は半年の間で百二十軒もの不動産を買収していた。薛氏はSNS上で、町屋を改装して民泊とし、訪日中国人観光客に提供していく考えも示していた。

中国系ポータルサイト「網易新聞」(二〇一八年一月三十一日付電子版)は、「日本は中国人にとって第四の海外不動産の購入目的になった。それは富裕層だけに限らない」とし、中間層も日本の不動産を投資対象にしていると報じている。

単に投資対象としてだけではなく、将来日本に移住することを想定して購入しているケースも少なくないという。中国人にとって不動産とは、借地権はあっても私有権がなく、母国では永遠に持てないのだが、日本だと簡単に所有できるものなのだ。「自宅は安住できる場所であり、心の拠り所になっている」というのだ。

実際、中国には「土地不動産管理法」なるものがあり、貸借期間は七十年間。延長したい場合はさらに金を積まねばならないが、中国当局は「社会公共利益の需要に基づいて、土地を強制的に回収することができる」という。

資本主義と中国式の社会主義という体制の違いはあるとはいえ、外国である日本の土地所有を簡単に許すこの国の土地制度はいったいどうなっているのか。

日本に住みたい人が、住みたい人数だけやってきたら、社会保障や治安の維持、教育は立ち行かなくなるのは必然だ。税収は必ず増えるという保障もない。難民という安い労働力を大量に受け入れ、その反動に苦しむ欧州諸国をみるまでもなかろう。

巷間、少子化に伴う労働力不足が指摘され、外国人単純労働者で補おうという安易な議論がまかり通り、それに準じて出入国管理法が改正されているが、あまりに安易と言わざるを得ない。来るのは単純労働者ばかりではなく、緩和された新規のビザで、日本で起業する頭脳労働者も少なくないのだ。この中には一定数の共産党員がいるだろうし、そのうちの何割かは、中国共産党の情報機関「中央統一戦線工作部」の工作員である可能性があるのだ。

これだけ緩い日本の入国制度を利用しない手はなかろう。情報機関の周辺で禄を食んでいなくても、だれでも思いつく発想である。

二〇一五（平成二十七）年四月一日施行の入管法改正で、在留資格はそれまでの「投資・経営ビザ」から、「経営・管理ビザ」に変わっている。在留資格を緩和し、「従来の外国資本との結びつきの要件をなくした」のが特徴で、起業し易くしたのが特徴だ。

改正入管法に基づいて取得した「経営・管理ビザ」で来日して企業し、京町屋の買収に勤しんでいる企業が続々と誕生している。関係者によると、このうちの一つは大阪市内に本社を置き、数十もの関連会社を有しているが、所在地は同じマンションの同じフロアで

「ほとんど幽霊企業」となっている。

湯舟の栓を抜かないまま、蛇口から湯ばかりをどんどん入れてどうするのか。出入国管理庁は「入り」の部分をしっかり監督すべきだ。

入管当局もだらしないが、「中国資本のあっせんに動く行政書士などが入れ知恵するケースも少なくない」（関係者）といい、自分が儲かれば先祖代々の日本の土地がどうなっても良いという私利私欲の塊のような業者が後を絶たないのも問題だ。土地の爆買いというと、買い手の中国人ばかりが注目されるが、売り手側の日本人の存在を忘れてはいけない。

こうした業者の存在も問題だが、街自体が京町屋の保存から解体へと向かっているところに外資が付け入る隙がありそうだ。

京都市にも古い民家の保存をうながす規制はある。しかし、重要文化財級の町屋であっても、それを守り抜くような条例があるわけではなく、二〇一八（平成三十）年には、室町時代に起源を持つ最古級の町屋「川井家住宅」が解体された。

これに目をつけた斡旋業者と中国等の外国資本は、通常より高い稼働率と短い投資回収期間で宿泊施設の事業計画を練り、調達した資金で次々と町屋を買い漁っている。事業で最も重視されるのは利回りであり、街並みの保存はおろか、住民の平和で心穏やかに過ごせる環境の維持など、二の次となっているのが現状だ。

観光ジャーナリストで、『観光亡国論』（中公新書ラクレ）という共著がある清野由美氏はかつて、なぜ中国人は京都に興味を持つのか。投資以外の心理的な要素もあるとして、筆者の取材にこう語っている。

「京都の街並みは室町時代に作られたもので、根底には唐文化の伝播がある。北方民族とのせめぎ合いの中で生きてきた漢人にとって、漢文化の粋を移した京都の街並みは素晴らしい景観に見えるのだろう」

古都の保存を本気で考えないと、「日本人お断り」が現実となり、地元住民が住めない街になっていく恐れがある。

京都の街並みはまだ、人の目に触れる都会であるから、問題も顕在化しやすい。問題なのは、地方の観光地である。いずれこのことについても、何らかの形で取り上げるが、日本人の知らない世界で事態が悪化の方向に進んでしまっているのである。

例えば、北海道・倶知安町は外国人観光客にリゾート地としてはよく知られているが、交通の便も悪く、多くの日本人は何がどうなっているのか、見当がつかない状態となっている。「新築の高級ホテルは軒並み中華系資本で、中国人富豪が持つ別荘地も点在する。日本の美意識と違うセンスで建てられており、見ていて苦しくなった。だいたい、中国は経済発展は目覚ましいが、世界に通用する建築家や芸術家は輩出していない。美的、芸術的な発展は遅れたままだ」（清野氏）という状態だ。

これには筆者も同感で、カンボジアの首都プノンペンを思い出す。中国系資本に開発を任せると、ここまで下品なネオンと装飾にされてしまうのかというホテルに無理やり泊まらされたことがあった。二〇一三年、米首都のワシントン支局長時代にオバマ米大統領の訪問に同行した際のことで、ホワイトハウスが指定したホテルだった。

英ケンブリッジ大学建築学部で客員研究員をしていた先の清野氏は、非常に示唆的なことを指摘している。

日本と同じ島国である英国では、（日本と違い）国土政策が政治的にも経済的にも国家の安全保障に結び付くという現実的な認識が長い歴史の中で蓄積されてきたという。戦後の日本は国土管理の重要性に対する意識が薄く、何の知識もないまま中国系資本に荒らされているのが現状だ。菅義偉首相は自身のブレーンで在日英国人経営者のデービッド・アトキンソン氏の『観光立国論』に従って外国人観光客をバンバン誘致したら、オーバーツーリズムで大変なことになってしまった。

この点について、清野氏は「観光立国を図るのであれば、投資家の意見を闇雲に取り入れるのではなく、管理と制御、マネージメントとコントロールの考え方を日本人自身が確立しないといけない」と指摘している。

日本人の心のふるさと、古都京都における「日本人立ち入り禁止」の看板。いま手を打たないと、現実に目にする日がやって来ないとも限らない。

⑨ 闇警察が公然警察に

「スズキだな？」

後ろから近付いてきた男がそう尋ねるやいなや、別の男が鈴木の鳩尾《みぞおち》を強打し、白いワゴン車の後部に押し込んだ。その間、わずか五〜六秒だった。目隠しをされて猿轡《さるぐつわ》をかまされた。手際の良さは、男たちが十分訓練されていることを窺わせた。

二〇三〇（令和十二）年春の夕暮れどきだった。

鈴木利一（五三）は都内の早稲田大学で国際政治学を教える政経学部の教授だ。この日、二コマ目の授業を終え、明後日に迫った講演会の準備をするため帰宅するところだった。テーマは、覇権を目指して自己主張を強める中国の習近平政権の死角についてだ。中国政府が嫌がる「六四天安門」など〝敏感問題〟を積極的に取り上げるつもりだ。

鈴木教授が籍を置く大学には、孔子学院という名の〝習近平学院〟も併設され、中国人留学生も三千人を超える。翌二〇三一（令和十三）年秋には、早大の第十八代総長に李強振・前孔子学院院長が就任するのだが、このころはまだ、孔子学院の院長だった。李は中国共産党の「党外交」を推進する「中央対外連絡部（中連部）」出身のエリートだった。

早大は、孔子学院を通じて中国から巨額の資金援助を受けており、大学の運営方法については、ほぼ中国側の言うなりだ。

鈴木教授はそれだけに、授業内容や言動には神経を使っていた。また、人目につかないところでは、なるたけ一人にならないようにしたり、駅のホームで最前列に立たないようにしたりと、何かと注意していた。しかし、この時ばかりは油断があった。講演会の筋書きを考えながら歩いているところを拉致されてしまったのだ。護身用に催涙スプレーと防犯ベルを携帯していた。だが、リュックの両サイドのポケットにあったそれらを取り出す間もなかった。

反社のような手口に、最初は中国系犯罪グループの存在を疑ったのだが、連れ込まれた建物は内装などから、公共施設と思われた。

目隠しをはずされると、窓のない蛍光灯一つだけの密室で、私服を来た監視員に三交代の二十四時間体制で見張られた。監視員はみな毬栗頭《いがぐりあたま》で、何を話しかけても無言だった。だが、彼らが中国人であることは、交代時に部屋の外で交わす小声の中国語で明らかだった。

後に取調官とのやりとりで判明したのだが、彼らはれっきとした中国・北京市公安局所属の武装警官（武警）であり、日中刑事共助条約を改定した「日中刑事公安共助条約」に基づき、日本の立憲・共産連立政権のお墨付きを得て来日し、都内を中心に全国各所の拠点で活動していたのである。二〇一〇～二〇年代には、ホテルなどを偽装した闇警察として暗躍していた中国の武警だが、ここ数年で非公然組織から日本政府公認の組織に変貌を遂げていた。

二〇二七年の台湾暴動を機に起きた「台湾有事」以来、中国の影響下に入った日本政府（立憲・共産連立政権）は、日中港湾条約を新たに締結するとともに、中国の武装警察が日本国内でも司法権を行使できるよう日中刑事共助条約を改定していたのだ。

もともと条約は福岡市の一家四人惨殺事件を機に、二〇〇八年に締結されたものだ。中国人留学生の魏巍死刑囚ら三人は二〇〇三（平成十五）年六月二十日未明、福岡市で松本真二郎さん（四一）宅に侵入し、妻千加さん（四〇）を浴槽に沈め、真二郎さん、長男海君（一一）と長女ひなさん（八）を首を絞めて殺害し、四人の遺体を博多湾に遺棄した。共犯の二人は中国に逃亡後に逮捕された。中国で裁判にかけられ、二〇〇五年に一人が死刑を執行され、もう一人は無期懲役が確定している。魏巍は二〇一九年十二月下旬、福岡拘置所で死刑執行された。

こうした凶悪事件で日中両国の警察当局が連携する必要に迫られた上での日中刑事共助条約だった。そこまでは良かった。しかし、立憲共産政権は、中国の武警を日本国内に常駐させた上、刑事事件だけではなく、中国の国内法に基づく政治犯にまで網を被せることを認めてしまったのである。それが、改定後、日中刑事公安共助条約と、条約名に「公安」が追加された理由だ。

中国やロシアのように権威主義を志向する立憲・共産連立政権にとっても、近い将来、自分たちに批判的で目障りな保守活動家などを政治犯として取り締まる上で、中国武警との連携は何かと好都合だったからである。

部屋には簡易なベッドと便器が一つあるだけだ。監視員が一人、同じ部屋の片隅にいて黙ってこちらを見ている。一日八時間、彼らは彼らで大変な役回りであるが、そんなことは鈴木教授にとって知ったことではない。鈴木教授だって容疑も告げられぬまま拘束され続けているのだ。

今ごろ、家族はどうしているだろうか。きっと心配しているに違いない。警察に捜索願いを出してくれていることに期待したいが、日中刑事公安共助条約が発効した今、警視庁もあてにならず事態の好転は望むべくもない。それは日中問題を専門とする鈴木が一番知っていた。

鈴木教授にはまだ、逮捕容疑がない。大学の授業で、天安門や台湾、チベットなど、習近平政権が最も嫌がる「三つのT」について、言葉を慎重に選びながら講義しただけだ。公安調査庁との付き合いもない。確かに公庁からの積極的なアプローチはあったが、鈴木教授の方から断った。警察組織と違って規模の小さな公庁担当者は、直接中国系組織に食い込むなど自分の足で情報を稼ごうとせず、新聞記者や鈴木のような大学関係者などの民間人を仲介役として使う傾向が強い。

付き合いを断ったのは、その安直な情報収集のやり方と距離を置いていたからだ。それに、二〇一五年以降、中国で身柄拘束され、逮捕、起訴された日本人の多くは濃淡はあったが、そのほとんどが公安調査庁との関係が取り沙汰されていたことも鈴木を警戒させていた。与える情報は山ほどあっても、こちらがもらう情報はほとんどなく時間の無駄と思われたことも、会わない理由の一つだった。

鈴木教授はまず、中国国内法の居住監視制度に従って、長期間にわたる取り調べを受けた後、おそらくは今から六~七か月後に正式に反スパイ法違反などの容疑で逮捕され、中国本国に移送されるであろうと予想した。

居住監視制度とは、二〇一二年に刑事訴訟法が改正され、裁判所による逮捕令状がなくても当局による監視や拘束が可能となった制度だ。「指定居所監視居住」という項目が加わった第七十三条である。

公安当局が指定した施設で、裁判所による逮捕令状がなくても監視や拘束活動が許可される内容だ。民主国家ではおよそ考えられない、デタラメな制度である。「疑わしきは罰せず」という法諺《ほうげん》（法律に関する格言）があるが、「疑わしきは拉致してしまえ」というのだから、もう何でもありだ。司法制度と呼ぶのもはばかられる。

怖いのは、逮捕されたら間違いなく起訴される点だ。反スパイ法違反だと、場合によっては死刑を含む重刑を科せられる。とんでもない人権侵害である。

居住監視制度を柱とする改正刑事訴訟法の二年後に施行されたのが、この悪名高い反スパイ法だ。中国人同士の密告を奨励し、二〇一四年に施行されてから、十七人の日本人が拘束され、一人が獄死、十一人が刑期を終えて帰国した。

反スパイ法の要件は、外国勢力による中国政府の機密の入手や中国人に対する「そそのかし」などだ。問題は「その他のスパイ活動」という部分で、あいまいな文言が当局による恣意的な運用の温床となっている。

すべては日中刑事公安共助条約に基づいた双方の警察による連携強化の合意の上で行われている。チャイニーズ・ドラゴンなどマフィア化した在日中国人による犯罪や粗暴な中国人観光客を取り締まったり、逆に保護したりするには、中国語を話せる警官が必要という名目で導入された日中合同パトロール制度である。

銀座などで中国武警と警視庁の制服を着た警官が合同でパトロールを行う光景が当たり前のようになってきた昨今、武警が日本人を日本の国内法で逮捕するシーンも珍しくなくなってきた。中国を宗主国とする冊封体制に入るとはこういうことを意味する。日本の主権もへったくれもあったものではなかった。冊封体制とは、華夷秩序の頂点に立つ中国を君主とし、日本が臣下の礼をとる仕組みをいう。

ただ、武警に逮捕されたとしても、日本の国内法に基づくものなら、〝地獄で仏〟というわけでまだマシだ。鈴木教授のように、闇警察時代のように公然化した中国武警に拉致され、しかも中国国内法で裁かれるとなると、日本に住んでいても枕を高くして眠れない。言論の自由どころではないのである。中国国内法を国外適用するやり方は、二〇二〇年の香港国家安全維持法がベースとなっている。香港の場合、中国本国に忠誠を誓うあまり、中国本土以上に、法律の適用は厳しさを増していた。

拉致されてから七か月後──。北京に移送された鈴木教授はその時点でようやく、マスコミの知るところとなり、新聞にべた記事で身柄拘束事件が掲載された。容疑は、天安門事件を素材に中国国内外の民主活動家を扇動した反スパイ法違反の罪だった。

鈴木教授に死刑判決が言い渡されたのは、そのわずか二か月後のことだった。

◆　◆　◆

中国武警と外国との合同パトロールは、日本が初めてではない。一帯一路の優等生とされた国々で始まった。二〇二三年に正式に脱退を表明した主要国（G7）のイタリアをはじめ、東欧のセルビア、南アフリカが先陣を切っている。

イタリアのケースをみてみたい。ファッションの街ロンバルディア州首都のミラノ市で二〇〇七年四月、駐車違反の切符を切られたことに腹を立てた中国人移民の女性が暴れ、これをきっかけに中国人が暴動を起こし、イタリア人警官十四人が負傷した。二〇一六年にはイタリア中部トスカーナ州首都フィレンツェ市で、市衛生当局と警察当局の工場への立ち入り調査に腹を立てた中国人移民三百人が暴れる事件が起きている。

それが原因で、中国公安部の警官（武警）がイタリアのカラビニエリ（軍警察）と共に、ローマとミラノ両市で、合同パトロールを始めることにしたのだ。

ミラノで中国人が暴動を起こす前年のことである。中国人移民が増加する一方の日本の近未来の姿にならないかとの懸念が脳裏を離れない。

中国武警の表向きは、増加する中国人観光客やイタリア在住中国人の保護が名目だ。だいたい、海外派兵するときは、「自国民保護」を大義名分とするものであり、主権国家として当然の権利行使であると同時に、運用の仕方次第では大変危険な事態を招く理由づけでもある。清朝末期の一九〇〇年に中国東部・山東で起こった中国民衆による排外運動「義和団事件」では、イギリス、アメリカ、ロシア、フランス、ドイツ、オーストリア＝ハンガリー、イタリアら欧米七列強と日本が自国民保護を主な理由に出兵した。

中伊合同パトロールの期間は十日間で、イタリアと中国ともに四人ずつが参加し、中国公安は制服着用だが非武装だった。相互主義というわけで、イタリア人警官も北京と上海で同様の活動を行ったが、ほとんど形だけの物見遊山である。イタリア警察の絵になる制服姿に中国人がその姿を写真に収めようと群がる始末だった。

問題なのは、中国の武警がイタリアで法的権限を行使することはあっても、イタリア人警官が中国で法的権限（司法権）を行使することはなかったことだ。中国人は日本の土地を買えるのに、日本人は中国の土地を買えないのと同様、相互主義とは名ばかりだったのである。将来、二〇三〇年のような日中刑事公安共助条約のような条約が締結された場合、武警が日本で中国の国内法を行使しても、日本の警察は中国で司法権を行使することはあるまい。イタリアでは二〇二二年、右派政党「イタリアの同胞」を率いるジョルジャ・メローニ政権が誕生し、二三年には一帯一路から離脱を表明した。伊中合同パトロールは廃止された。

東京・秋葉原や銀座、名古屋や福岡県、否、四十七都道府県すべてに、大なり小なり、中国の闇警察があると言われる日本にとって、イタリアはこれ以上にない見本にすべき失敗例である。一帯一路による経済協力という甘言にのって、主権放棄まがいの合同パトロールを認め、それを撤回するイタリアの轍を踏んではならないのである。

合同パトロールではないが、オーストラリアではダーウィン港が乗っ取られた。悪い見本がそこかしこにあるのに、なぜ日本はそれを見てわが振り直そうとしないのか。むしろ自ら喜んで中国共産党という麻薬に手を染めているが如しだ。

中国共産党の「飴と鞭」、「微笑みと恫喝」、もっと具体的に言えば、「カネと核の恫喝」に翻弄されてしまい、自国の国益に無関心となってしまった政財界人には、イタリアやオーストラリアの惨状が、惨状として目に映らないようである。米国との同盟関係が破綻した今、立憲・共産連立政権は中国に「恋は盲目」状態なのである。

日本人だって皆がみな、立憲・共産連立政権を支持しているわけではなかろう。日本人はいい加減、惰眠を貪り続けるのをやめなければいけない。GHQによる自虐史観と日中友好という催眠にかかり思考停止となった日本人の眠りは、この国が亡くなるまで続くのであろうか。

バッドシナリオ Ⅲ

占領される日本の国土

⑩ 大型クルーズ船を使った侵略者

濃霧に覆われた洋上に浮かび上がる超大型のクルーズ船。数えきれないほどの客室の小窓を持った建物は、まるで白亜の御殿である。

目の間に広がる大島海峡の沖合に伸びた全長六百メートルの桟橋。そこに横付けされた大型クルーズ船「アイコン・オブ・ザ・シーズ」は、十年前の二〇二四（令和六）年に就航し、総トン数二十五万トン、乗客定員は最大七千六百人、乗員を合わせると最大約一万人を収容することができる世界最大の大型客船だ。

長さも全長三百六十五メートルで、映画でも知られるタイタニック号より約百メートル長い。その風貌は、南の島に忽然と現れた「動く町」と言ってもいい。

この大型クルーズ船が鹿児島県奄美大島の南西部に位置する瀬戸内町西古見集落に現れたのは、梅雨で辺り一面が濃霧に覆われた二〇三四（令和十六）年六月中旬のことだ。

大型クルーズ船を誘致する前は、わずか三十人しか住民のいない集落だった。それが今や開発が進んで二千人あまりの人が住む、日本屈指のリゾート地に様変わりした。といっても大型クルーズ船でやって来た外国人観光客限定である。

住民は、従業員やその家族らで、ここが日本と思えないのは、そのほとんどが中国人だったからである。乗船していた客も大半がマカオや香港、上海から来た中国人で、桟橋に停泊した大型クルーズ船を降りた乗船客らは、理美容品、コスメ、家電、日常生活用品などの品ぞろえが自慢の免税店「ラオックス」で買い物や食事を楽しんだ。

家電量販店のラオックスは二〇〇九(平成二十一)年に中国資本に買収され、二〇一〇年以降は中国人観光客向け免税店主体に業務転換を図り、大当たりした。だが、二〇二〇年に世界的に流行したコロナ禍により観光客の激減で赤字に転落。その後しばらくの間は食材や化粧品のアジア専門店に主軸を移し、日本人も対象にビジネスを展開していた。インバウンドが戻ってきた二〇二四(令和六)年ごろから再び、中国人観光客らをターゲットにした商品販売を展開していたのだった。

集落には、奄美大島を終着地とする乗船客向けの瀟洒《しょうしゃ》なリゾートホテルもあり、ここで数日間を過ごした後、大島海峡を挟んで反対側の加計呂麻島《かけろまじま》でスキューバダイビングなどのマリンスポーツを楽しんだり、徳之島、沖永良部島《おきのえらぶじま》といった南西諸島をめぐる船旅に出かけたりしていたのである。

問題なのは、西古見集落の一帯が事実上、中国の治外法権エリアとなってしまったことである。戦前、中国・上海にあった「租界」のようなものである。

集落内に新設された中国駐福岡総領事館出張所が、最大で乗客六千人、住民二千人の計八千人あまりの中国人のパスポート管理や動向監視など、限りなく行政や司法に近い権限を行使していたからだ。中国人観光客らのあまりの数の多さに、日本人通訳や警官らの数が追い付かず、数年前の日中首脳会談で、日本側が福岡総領事館出張所の権限拡大を認めざるを得ない事態となっていた。

もちろん、日中二国間の相互主義の精神に則り、日本側も中国南部の海南島に出張所を作る権限を有した。だが、中国海軍の潜水艦基地のある軍港に中国から日本人の居住許可が下りるわけもなく、事実上、日本だけが損をする片務的な取り決めとなっていた。

大型クルーズ船の寄港地として西古見集落に白羽の矢が立った際、それに反対した地元住民らを説得したのが、地元選出の自民党の国会議員だった。西古見集落をフェンスで物理的に囲ってしまえば、中国人らが上陸後に散らばって密入国することもないだろうという、一見もっともらしい説明だった。裏を返せば、フェンスの中では何が行われているのかつぶさに監視のしようもなく、租界化していくのは火を見るより明らかだった。

そんなある日、ラオックスで働いていた二十代の若い日本人女性従業員が、大型クルーズ船に紛れ込んできた不良中国人に強姦、殴打される事件が起きた。中国国内でも同様の事件を起こして中国公安当局から指名手配されていた男の犯行だった。

悲しいのは、そこが西古見集落で日本の警察権限が及ばないエリアであったことだ。福岡総領事館出張所の治安担当の係員が犯人の身柄を押さえたのも束の間、証拠不十分でクルーズ船に帰してしまったのだ。次の寄港地で降ろし、本国に送還するためである。

被害にあった女性が日本の警察に届けたが後の祭り。鹿児島県警瀬戸内署もなすすべもなく、市民を守れなかったという自虐の念にさいなまされながら、被害女性と一緒に泣き寝入りするしかなかったのである。

それだけではない。熱帯性気候で密林の多い奄美大島には、いたるところに猛毒のハブがいて、素人が山道を歩くのは極めて困難だ。しかし、特殊部隊で訓練を受けた中国人民解放軍の工作員らにとっては、そんな危険は物の数ではなかったようだ。観光客を装って乗船した後、厚手の服装に着替えて下船して山の中へ消えていったのである。

西古見集落の大型クルーズ船の寄港地化は、中国人民解放軍にとって序の口に過ぎなかった。日本有事の際に南西諸島を制圧するための橋頭保づくりだったのである。

このほかにも、日本の沿岸部を制圧するための拠点づくりとして、長崎県佐世保港や福岡県博多港、四国の香川県高松港、日本海側では新潟市の新潟港、北海道の苫小牧港と釧路港をターゲットに、順次寄港地を増やしていったのである。

◆　◆　◆

西古見集落の沖合約五キロ先の水平線に浮かぶ無人島の江仁屋（えにや）離島は、二〇一八（平成三十）年三月に陸上自衛隊が創設した水陸機動団の訓練場所となっている。

その目と鼻の先に、大型クルーズ船の誘致話が実際に持ち上がったことがある。前年の二〇一七年のことだ。水陸機動団しかり、奄美大島北部に陸自の地対空ミサイル基地、南東部に陸自の地対艦ミサイル基地ができることが決まった矢先のことだった。こうした動きに合わせたかのように大型クルーズ船の寄港話が浮上したのである。

西古見集落の面した大島海峡は古くから軍事的な要衝で、図体の大きい軍艦が身を潜めるのに好都合な場所だった。このため、戦前は戦艦大和や武蔵、古くはロシアのバルチック艦隊を撃滅した東郷平八郎提督率いる連合艦隊がたびたび寄航していた。

西古見地区が大型クルーズ船寄港地の有力候補として選ばれたのは、過疎に悩む奄美大島全体と南部の瀬戸内町がチャイナ・マネーに目がくらんだことが大きい。

当初は、薩摩藩の西郷隆盛が蟄居した場所として知られる北部の龍郷町の港が候補とされたが、地元住民の反対で断念した。しかし、あきらめきれない自民や公明党の国会議員を含む勢力が、「離島振興」を旗印に西古見集落に目をつけたのである。

大型クルーズ船の誘致には前段があった。九州・沖縄エリアを選挙区とする公明党の遠山清彦議員の猛烈な後押しがあったのだ。財務副大臣を務め、公明党のホープとして知られていた遠山氏は二〇二一（令和三）年一月、緊急事態宣言が発令されている最中、深夜まで東京・銀座の高級クラブでホステスをはべらして豪遊していたことが週刊誌に報じられ、議員辞職の憂き目をみている。

その遠山氏、参院議員時代の二〇〇七（平成十九）年三月十九日、参院特別委員会で中国人客の入国に便宜を図るよう質問していたのである。

「乗客の出入国審査に大変長い時間がかかり、上陸しても十分な観光ができないという声を聞く。何とかならないのか」

この質問が契機となり、入国審査の簡略化を目指す「沖乗り」方式が定着していったのである。クルーズ船が着岸してから入国審査をするのではなく、入港前に入国審査官が乗船し、着岸前に入国審査を終わらせる方法だ。

総務省の政治資金収支報告書によると、都内の「日中民間交流研究所」から二〇一六（平成二十八）年、遠山氏の事務所宛てに三十万円の寄付があった。大型クルーズ船で来日する乗船客の入国審査を簡素化する出入国管理法の改正で、新たに「ビザなし」「顔写真なし」という、「ないない尽くし」の簡易審査が制度化されたころと同時期だ。

遠山氏が国会質問した当時から、福岡県・博多港や長崎県・佐世保港などでは、クルーズ船に乗船していた中国人が時間になっても船に帰らず、行方不明になるケースが相次いでいたが、こうした事実は深刻に受け止められなかった。

いずれもコロナ禍前の数字だが、クルーズ船による来日客は、二〇一四（平成二十六）年には約四十一万人だったが、入国審査が簡素化された新たな船舶許可制度ができた一五年は三倍近い約百十一万人に上った。一六年は百六十万人に上っている。

このうち、失踪した外国人（主に中国人）は、一五年が二十一人、一七年は七十九人に上った。ほとんどが博多港や長崎港からの入国者だった。

寄港地では乗船客がバスや電車で自由に観光に出かけるため、集合時間に現れずに姿を消す不届き者が後を絶たないのが現状だ。

そんな不都合な事実から目をそらし、日本は官民を挙げて、中国人が大量に乗った大型クルーズ船の誘致に血道をあげていたのである。

二〇一五年に新たに制定された「船舶観光上陸許可」制度は、改正入管法（第十四条の二）により、特例的に上陸を認める内容である。

法相が指定するクルーズ船の外国人乗船客の利便を図る目的で、船が出港するまでの間に帰船することを条件に、観光のため三十日（寄港地が一か所の場合は七日）を超えない範囲内で上陸を認めている。

この船舶許可による上陸はビザが不要で、出入国記録の記入も簡素化された。顔写真の撮影も省略されたのは先に述べた通りで、入国手続きをわずか一時間だけ短縮するのには役立ったが、それ以上に、ほとんどが中国人の乗船客の管理が大幅に緩和されてしまったのである。

上陸時間が長ければそれだけ、金を落としてくれるだろうという期待から緩和したものだが、見通しは甘いと言わざるを得ない。金は地元に落ちず、中国人が経営する免税店に還流するだけなのである。

入管庁の説明だと、改正入管法は「経済のグローバル化の中で、わが国の経済の発展に寄与する外国人の受け入れを促進するため、高度の専門的な能力を有する在留資格を設ける等の在留資格の整備を行うほか、上陸審査の手続きの一層の円滑化のための措置等を講ずるものである」そうだ。措置の後に「等」を練り込むところが、いかにもお役所的な法の抜け穴を想起させる文章である。

確かに世界は、関税などビジネスに支障を来す国境を目の敵にするＧＡＦＡ（Google、

Apple、Facebook=メタ、Amazon）などのグローバリストの意向に沿って「グローバル化」が急ピッチで進んでいる。

一方で、トランプ米大統領が主導したように〝America first〟、英国のように〝Brexit〟といった自国第一主義も盛り返している。日本は何でもかんでも欧米諸国のいう「世界基準」に歩調を合わせるのではなく、日本には日本の事情に見合った出入国管理制度を導入すべきなのである。

だいたい、出入国管理が絡む移民政策でその多くを占めるのは中国人である。不法残留のクルド人などの問題もあるが、中国人は約三〇七万人に上る在日外国人で最も多い約七十六万人を占めるのだ。

中国本土の十四人に一人が共産党員であることと、来日する高学歴の中国人の場合はさらにその比率が高まることを考えれば、単純計算で五万四千人強、さらに優秀な人材の存在を勘案すれば、六〜七万人の共産党員が日本に潜り込んでいる計算になる。

たかが観光客と言うなかれ。この中にも一定数の共産党員、なかんずく、訓練を受けた工作員が紛れ込んでいると考え対処するのが、為政者の責任であろう。

二〇三〇（令和十二）年にインバウンド六千万人計画を掲げる日本政府を筆頭に、朝野をあげて観光立国を掲げること自体、悪いことではない。

だが、来日するのは欧米人ばかりではない。祖国を嫌い日本への移民を図る中国人や日本有事における日本国内の破壊・攪乱工作を任務とする工作員もやってくる。

今後、「船舶観光上陸許可」制度を元に戻し、入国審査を厳格化すべきである。水際が緩いのでは、警備当局も手が回らなくなる。大型クルーズ船の入港をはじめとする観光客受け入れのあり方を不断に見直していくことが肝要だ。

⑪ 中露が対馬を占領

海岸線が複雑に入り組んだ長崎県・対馬中部の美津島町竹敷地区。かつて、海上自衛隊対馬防備隊本部があった場所だ。

二十年以上前に韓国資本がやってきて、警備隊本部を取り囲むように周辺の土地と建物を買収し、船宿に擬した監視小屋を数棟建て始め、安全保障上の問題が国会でも指摘されたことがある。

だが、それも今は昔。風光明媚なこの入り江の一角にある建物玄関付近には五星紅旗が翻っていた。一帯は日本人を含む外国人立ち入り禁止区域となっている。中国海警局の制服を着た守衛が二人、こちらを睨むように起立していた。

入り江には、白い船体に一本の赤色ラインとそれを挟む形で四本の青色ラインで塗装した中国海警局の海警５９０１の超大型船と中国海軍の９２０型大型病院船の計二隻が停泊していた。海警５９０１は、沿岸警備隊の船舶としてはあまりにも大きなサイズで、総排水量一万五千トンという世界最大級の化け物だ。

病院船は二〇二二（令和四）年、海軍所属の海洋調査船とともに、スリランカのハンバントタ港に入港し、国際社会の警戒を招いたことがあるいわくつきの海軍船舶だ。同港は中国政府が巨大経済圏構想「一帯一路」の債務の肩代わりに租借した、インド洋を睨むスリランカ南部の重要港である。対馬へは軍艦でなく病院船の派遣にとどめたのは、条約に基づく行動とはいえ、日本国民の神経を刺激しないためのささやかな配慮だった。

海警5901が美津島町竹敷地区の入り江に停泊していたのと同じころ、対馬北部の比田勝港には、ロシア海軍のステルス・フリゲート艦「アドミラル・ゴルシコフ（排水量四千五百トン）」が涼し気に停泊していた。中国との軍事協定に基づくもので、日本政府はロシア政府に抗議したがどこ吹く風と居座ったままでいた。

想起するのは、幕末の一八六一（文久元）年春、ロシア海軍のポサドニック号が軍艦の修理名目で対馬・浅茅湾《あそうわん》に侵入して居座った「露海軍対馬占領事件」である。幕臣の小栗忠順が咸臨丸《かんりんまる》で駆け付け事態の収拾にあたったが埒《らち》が明かず、結局、英国海軍の艦船が示威行動をして追い払ってもらった。知る人ぞ知る話だが、「白馬の騎士」よろしく、ロシア海軍を浅茅湾から叩き出した英海軍だが、在京英公使のオールコックも英国本国に対馬占領許可を打診していた。世界はどこまでも腹黒いのである。

対馬はれっきとした日本領であり、長崎県の行政区域であったはずだ。いったいなぜ、このようなことになってしまったのか。

事態は五年前の二〇二七年五月上旬に遡る。立法院（日本の国会に相当）改革をめぐり台湾で起きた暴動（二七台湾動乱）をきっかけに勃発した台湾有事で、日本が中国に苦杯を喫したことによる。

立憲民主党と日本共産党の連立政権が中国による「核の恫喝」に屈し、日本の一部港湾を九十九年間借り上げる「日中港湾使用に関する条約（日中港湾条約）」という不平等条約を締結後、東シナ海の魚釣島をはじめとする尖閣諸島とともに、日本海の要衝に位置する対馬を事実上、乗っ取られてしまったのである。

長崎県・五島列島にも中国の大型漁船が大量に押し寄せており、いずれ軍艦がやって来て事実上占領されるのは時間の問題となっていた。

日本政府が中国と不平等条約を結ばざるを得なかったのは、自衛隊機の攻撃で中国海軍に多数の死傷者が出たことへの代償だった。東シナ海を警戒中だった自衛隊のF35戦闘機二機が、中国空母「福建」（満載排水量約8万トン）から艦対空ミサイル攻撃を受けたことに反撃、中破させた。正当防衛で自衛隊機に落ち度はなかった。

だが、激怒した習近平国家主席が直ちに日本との本格的な戦闘準備を指示。核ミサイルを扱うロケット軍に臨戦態勢をとるよう命じた。

米民主党政権も「日中二国間の問題」と取り合わなかったため、慌てた日本政府が一方的に譲歩する形で港湾の半永久租借を自ら提案したのだった。これに伴い、韓国資本の〝船宿〟は、長崎県から保健衛生上の不備を理由に営業停止処分とされて対馬市に売却、中国政府に租借された。実際、立憲・共産連立政権誕生後、反米政権に日本の防衛義務を定めた日米安全保障条約第五条を骨抜きにされた米国は冷ややかだった。元々、核大国の中国を相手にロサンゼルスやシカゴ、ニューヨークなど米国の主要都市を人質にしてまで核のチキンゲームをやる気などさらさらなく、米国世論も圧倒的に台湾有事への軍事介入に反対だったためだ。

こうした国際情勢の下、三期目の任期満了まであと一年となった習近平の動きは速かった。毛沢東超えを狙ってレガシー（遺産）づくりに狂奔する習近平が問答無用で台湾占領に動き、総力を挙げて「二〇二七台湾動乱」に人民解放軍を投入したのだった。ただ、これは台湾周辺海域に艦船等を展開するだけの力による威嚇の域を出なかった。もっぱら中国本土からのサイバー攻撃とＡＩを使ったフェイクニュースなどの「認知戦」、台湾の民間人を装った便衣兵による攪乱工作といった非対称戦の「超限戦」に軸足を置いていた。

特に、人民解放軍のサイバー部隊「６１４１９」による攪乱戦術は目を見張る効果を挙げていた。米ホワイトハウス高官や軍制服組トップを装った米軍の「不介入方針」をあたかも記者会見で話しているかのような偽動画を連日垂れ流し、台湾の民衆に「中共による占領やむなし」という厭戦気分を広げることに成功していたのだ。

戦わずして勝つ——。孫子の兵法由来の「不戦屈敵」思想の実践である。

こうした経緯から、対馬・美津島町竹敷地区にあった海自防備隊は「日中港湾条約」によって撤収を余儀なくされ、代わって中国海警局の艦船と海軍病院船がわが物顔でやって来たのだった。古くから漁や真珠の養殖で生計を立てていた地元漁民は廃業に追い込まれていった。

深刻なのは、治安が急激に悪化したことだ。海警局の隊員らの地元商店での傍若無人な振る舞いは日常茶飯事で、比田勝港に停泊するロシア海軍の乗組員による強盗や強姦に地元警察もなすすべもなく、腰の引けた日本政府は、外交問題にすらできないでいた。

台湾占領で傀儡政権の樹立に成功した習近平国家主席は、日本への要求もエスカレートさせた。鹿児島県・奄美大島の名瀬港と長崎県・五島列島の玉之浦湾の租借を相次いで認めさせ、北海道の釧路、苫小牧など主要港に中国系大型クルーズ船の寄港許可を取り付けるなど、無血による日本占領の完遂に向けた治外法権区域の拡大戦略を着実に進めていったのである。

悪夢のような事態は、韓国資本による買収劇から始まった。二〇〇九（平成二十一）年のことだ。それから九年。二〇一八（平成三十）年夏、赴任地の福岡市に駐在していた筆者が取材のため対馬の美津島町竹敷地区を訪れると、異様な光景を目の当たりにした。静かな漁村を韓国人観光客を乗せたバスが猛スピードで走り抜けていったのである。

海自の対馬防備隊基地のど真ん中を抜けて韓国の船宿と海自基地前の公道をバスが行き来していた。近くに住む水産関係業を営む男性は、「オレは韓国にいたことがあって韓国語ができるから、韓国人とはビジネスもする。でも、それと土地買収の話は別なんだよ。よりにもよってウチの近所の海自基地周辺を買い漁るやり方は許せねぇんだよ、ったく。それより、日本政府に腹が立つ。考えが甘いんだよ、考えが。この間来た韓国人ガイドなんか、『テマド（対馬の韓国語読み）は、昔は韓国領だった。いつかは韓国に取り返しましょう』なんて抜かしやがったんだから」と吐き捨てるように語っていた。

韓国人観光客は、山道だろうが、海だろうが、いたるところに平気でゴミを捨てるのは当たり前。筆者も車を運転中、韓国人観光客が小型バスの窓から空のペットボトルを投げ捨てるのを目撃して腹立たしい思いをしたことがある。何よりも、国内希少野生動植物に指定される対馬固有の「ツシマヤマネコ」の生息する環境の破壊も懸念される。二〇二四年六月には、韓国人観光客によるタバコのポイ捨てなどの狼藉や「チョッパリ（豚のひづめ）」「ケセッキ（犬の子）」といった悪口にたまりかねた対馬中部の和多都美神社は、「韓国人お断り」の看板を立てた程だった。

北部の比田勝港近くの上対馬町にあり、天候次第で約四十キロ先の韓国・釜山を眺望できる韓国展望所近くでは、訪れた韓国人観光客が韓国由来を主張する「木槿（ムクゲ）」の種を四方に撒くことが流行っていた。対馬がもともと韓国の土地であったことを後になって主張するための既成事実化を図ろうとする姑息な狙いが隠されていた。

朝鮮通信使の最初の日本訪問地で知られる対馬だが、毎年行われる朝鮮通信使を模したパレードでは、リーダー格の男が、「テマドはわが領土」と大声を張り上げ、韓国語が分からない地元対馬の島民から拍手喝采されていたのだから、お先真っ暗だ。

地元住民の神経を逆なでしたのが、皇室に関係した「事件」である。

天皇皇后両陛下が一九九四（平成六）年五月、真珠の養殖を視察するため、美津島町竹敷地区を行幸啓された際に記念でつくられた石碑があった土地が韓国資本に買収されて船宿となり、庭のはずれの腰掛に使用されていたことだ。腰掛も酷いが、記念碑と知った韓国人宿泊客が、足蹴にしていたのを地元住民が目撃していた。心を痛めた有志が出資し合い、韓国側と六年がかりの交渉の末、記念の石碑を現在の海自基地正面横に移転した。移転の労をとった長崎県の「日本会議」関係者は筆者の取材に対し、「このままでは韓国資本に本当に乗っ取られてしまう。そんなことはないという島民もいるが、実態を知らないだけだ。名義人が日本人だから、韓国資本への売却は防ぎようがない。日本人に売ったと思って蓋を開けてみたら韓国人だった、なんてことは珍しくない。彼らはゴミだけ捨てて地元には金を落とさない。韓国人経営のホテルや旅館に泊まり、韓国系の免税店で買い物をするだけだ」と憤懣やるかたない様子だった。

それが今では中国資本が韓国にとって代わり、組織的かつ計画的に対馬の山林や土地を買い漁っているのである。韓国が手に入れた海自基地周辺も例外ではなく、背後に中国共産党がいるのは、言うまでもない。

情けないのは、日本の旧民主党政権で、手をこまねくばかりだった。

韓国資本の海自基地周辺の土地買収が表面化した二〇〇九（平成二十一）年十一月、政府は閣議で「自衛隊の部隊などの適切な運営に支障を及ぼしているとは認識していない」として、新たな法整備は検討していないとする答弁書を決定している。

答弁者は、鳩山由紀夫首相だった。鳩山氏は今でも中国や韓国を訪問しては、先方の言われるがままに頭を垂れ、慰安婦像の前では土下座までするルーピー（クルクルパー）ぶりである。その言動は、まさに当代きっての「売国奴」である。

鳩山氏は民主党幹事長時代の二〇〇九年四月、動画の放送で、「日本列島は日本人だけの所有物ではない」と発言していた。この御仁、首相になると米軍普天間飛行場（沖縄県宜野湾市）の移設をめぐり、何の根拠ないまま「最悪でも県外へ」と二国間の国際協定を一方的に白紙化し、日米両国を混乱の坩堝《るつぼ》に陥れた史上稀《まれ》にみる「バカ殿」だった。

中川昭一元財務相は「対馬がこんな脆弱な状況に置かれているとは知らなかった。常に平和と安全を守る努力をしなければ、気づいたときには危機が間近に迫っていることになりかねない」と語っていたが、これこそ、まともな認識である。

事態が少し動いたのは、二〇二二（令和四）年になってからである。大正時代に制定されたまま埃《ほこり》をかぶっていた外国人土地法に代わり、この年の九月、自衛隊基地の周辺や国境離島など安全保障上重要な土地の利用を規制する「土地利用規制法」が施行された。

規制法は、自衛隊基地や原子力発電所など安保上重要な施設の周辺約一キロを「注視区域」、自衛隊の司令部など、より重要度の高い施設周辺を「特別注視区域」に指定し、土地・建物の所有者や国籍、利用状況を調査できるという内容だ。

二〇二四（令和六）年五月までに、普天間飛行場や移設先の名護市辺野古沿岸部を含むキャンプ・シュワブなど計五百八十三カ所が指定されたが、重大な問題が放置された。

この法律があくまでも、土地「利用」の規制を定めたものであり、土地「所有」の規制や禁止を定めたものでないからだ。中国では「上に政策があれば、下に対策あり」だ。土地利用規制法は小さな一歩に過ぎず、所有規制は塩漬けにされた。中国共産党政権に忖度した公明党が頑迷に反対したためだ。

自民党参院幹部は、「こっちも一生懸命やっているんだから、ザル法なんて言うなよ。公明党の太田昭宏元党首が所有規制に猛反対しているんだから仕方ないだろ。これを呑まなければ土地利用規制法も成立させられなかったんだよ」と語った。

自民党との連立政権を組んで二十二年。「どこまでもついていく下駄の雪」と揶揄されてきた公明党が、国家の最も大事な議論で、下駄から離れて足を引っ張ったのである。自民党もわが国の国防を真剣に考えるなら、公明党との連立枠組みを考え直すべきだ。

対馬が離島で政府の目が行き届かないことも問題だ。島民もそこに不満を抱いている。東京から約千キロ離れた小笠原諸島・父島だって東京都だ。まじめな提案なのだが、対馬を東京都とし、都の財力で地域振興を強化し、土地売買を監視するのも一案だ。

⑫ 大量の中国漁船団が港湾を占領

東京都の南方約一千キロの洋上に浮かぶ小笠原諸島の父島沖。早朝、警戒・監視任務についていた小笠原海上保安署（第三管区海上保安本部）の巡視船「みかづき」（総トン数二百トン）の乗組員が目をカッと見開いた。数えきれない漁船団が沖合十数キロに迫っているのを双眼鏡で視認したのだ。

東の空が白み始めた午前四時ごろのことだ。海保の巡視船「あきつしま」搭載のヘリコプター「スーパーピューマ２２５」が偵察・監視飛行中、大量の漁船団が日本の排他的経済水域（ＥＥＺ）内を隊列を組んで北上しているのを発見、小笠原諸島・父島の保安署に打電していた。赤い船底に青い塗装をした漁船の数は、ゆうに二百隻を超えていた。

一隻当たり四百～五百トンで、最低でも二十人、全体では少なくとも二千人の船員が乗っている計算になる。父島の人口とほぼ同じ数だ。海上民兵を含む彼らが上陸を始めたら父島はひとたまりもない。

無線を使って海保が航行目的を問いただすと、リーダー格とみられる漁船の船長を名乗る男から、「赤サンゴ漁」のため、中国沿岸部に位置する浙江省と福建省から船団を組んでやってきたのだという。

赤サンゴは一キロ当たり百五十万円以上の価値がある。そもそもが密漁である。否、これだけ大量の漁船団があからさまに捕獲すれば、密漁ではなく強奪である。

不可解なのは、赤サンゴ漁と言いながら、漁法の主体となる「ひき網漁」をやっている形跡がまったくないのである。それもそのはず、赤サンゴ漁というのは表向きの方便で、狙いは小笠原諸島にある父島への接岸と漁船員の上陸だった。

無線と拡声器、電光掲示板を使って父島から離れるよう中国語で呼びかける海保の警告を無視した中国漁船団。台風の接近による人道上の退避を理由に、まずは二隻が接岸して乗組員ら四十人あまりを上陸させた。上陸するや否や、鉄製パイプなどで武装した船員らは港で警戒に当たっていた警視庁の機動隊員数人を拉致して船内に引きずり込み、殴る蹴るの暴行を働いた。機動隊員は数日前から警戒のため父島に応援で派遣されていた。

また、別の船員らは警戒して閉店していた雑貨店のシャッターを蹴破って押し入り、悲鳴を上げる店の従業員や子供らに罵声を浴びせながら商品を強奪していたった。手に鉄製のハンマーや青龍刀を持っている者もいた。漁船員というのは偽装で、その多くが海上民兵と呼ばれる中国海軍傘下の訓練を受けた準軍人だった。射撃は当然のこと、機雷の掃海もやってのける技術を習得していた。父島に上陸した漁船団には人民解放軍の士官も乗船し、統率のとれた行動をとっていた。すべては計算の上での乱暴狼藉だった。

この騒動で、日本側の機動隊員一人が死亡、三人が重傷を負い、島民十八人も重軽傷を負った。中国側も機動隊員と島民の反撃で五人が重軽傷を負った。

世に知られた「父島事件」である。二〇二九（令和十一）年五月二十日の日曜早朝のことだった。

事件は、漁船と戦艦の違いはあるが、一八八六（明治十九）年八月、長崎に来航した清国北洋艦隊水兵らによる「長崎清国水兵事件」を想起させた。

北洋艦隊は、定遠、鎮遠という当時としては世界最大級の巨大戦艦を従え、石炭補給と修理を名目に長崎港に寄港した。五百人の清国水兵が日本政府の許可なく勝手に上陸し、泥酔の上、店舗破壊、日本の婦女子を強姦、追い回すなどの狼藉を働いた挙句、止めに入った日本の警官を殺害するなど、大事件に発展した。

軍艦による威嚇と船員による乱暴狼藉は時の日本政府の警戒感をいたく刺激し、八年後の日清戦争の遠因となったのである。長崎事件を教訓に「その時」に備えて練度を挙げていた日本帝国海軍の艦船は、一八九四（明治二十七）年九月の黄海開戦で、定遠に約百六十発もの砲弾を浴びせて大破、最終的に沈没させた。定遠を指揮した丁汝昌提督は責任をとって自決している。

父島を襲った中国漁船団は翌日昼、何事もなかったかのように島を離れた。応援部隊を空路増派しつつあった警視庁機動隊を警戒したのではなく、予定通りの行動だった。なぜなら、父島上陸は中国人民解放軍による陽動作戦だったからである。民兵に適度に暴れさせて日本国民の関心を父島に引き付け、その隙に乗じて長崎県・五島列島を中国海軍の艦船で占領するのが真の狙いだった。

孫子の兵法三十六計にある「仮道伐虢《かどうばっかく》」の術である。他に行くように見せかけて目的地を攻める術策だ。ここでは、小笠原諸島・父島を大量の漁船を使って攻めるように見せかけて、手薄となった五島列島を制圧することを意味していた。

二〇二七（令和九）年五月の「二七台湾動乱」時に締結を余儀なくされた「日本と中国による港湾使用に関する条約（日中港湾条約）」で、中国軍に尖閣諸島と対馬を乗っ取られてしまった日本政府を尻目に、中国・習近平政権は次の一手を繰り出した。それが仮道伐虢であり、条約による港湾使用を名分とした五島列島の事実上の占領だった。

父島に上陸した中国民兵らが暴れて日本中の耳目を集めていたころ、中国・北海艦隊のミサイル駆逐艦や補給艦が夜陰に紛れて滑り込むように長崎県の五島列島南端の福江島・

玉之浦湾（五島市福江島）の奥深くに侵入していた。

玉之浦湾には、日中港湾条約を盾に百隻あまりの中国漁船団がすでに居座っていたのである。北海艦隊の湾内進入は、漁船団の保護名目だった。

後手後手で、なすすべのない立憲民主党と日本共産党の連立政権は、「二七台湾動乱」以降、習近平の「核の恫喝」で傀儡政権化している。華夷秩序に組み込まれたも同然で、対馬に続き、玉之浦湾の九十九年間租借を受け入れざるを得なかったのである。

◆
◆
◆

突然、天から降ってくる事案などこの世にはない。因果応報、すべての出来事に原因があって、結果があるのである。

小笠原諸島と五島列島が二〇一四（平成二六）年と一二（同二四）年にそれぞれ、日本の国土防衛上、重大な危機に陥ったことがある。

小笠原諸島では一四年十月から十一月にかけ、二百隻を超える中国漁船団が周辺海域に終結した。二〇二九（令和十一）年の時と同様、赤サンゴ漁が表向きの理由だった。

しかし、狙いは太平洋に広大なEEZを抱える一方、東シナ海の尖閣諸島の防衛にも注力させられている日本にとって、二正面作戦となる防衛力を試すことにあった。

同時に、小笠原諸島から米サイパン領、グアム領を結ぶ第二列島線を攪乱し、米軍の接近阻止・領域拒否（A2／AD）戦略に道筋をつける深謀遠慮があった。中国海警局の守備範囲外であるし、軍の艦船だと、さすがに日米両国を強く刺激して逆効果と判断し、海上民兵を満載した偽装漁船団を差し向けたのである。

中国漁船の移動距離は往復四千キロ～五千キロになり、燃料費も一隻当たり数百万円かかる。赤サンゴ漁という商業目的だったとしても割が合わず、背後に中国政府の政治的な思惑があるのは火を見るより明らかだった。当時から中国漁船団は中国海警局の管理下にあり、沿岸であっても自由に動き回ることなどできなかったのである。いわんや、小笠原諸島という遠洋航行などはあり得ない相談だった。

五島列島も重大な危機に瀕していた。日本の民主党（後の立憲民主党）政権が尖閣諸島を国有化する意向が取り沙汰され始めた二〇一二（平成二十四）年七月十八日、五島列島・福江島の玉之浦湾の奥深くに、一隻四百～五百トンはあろうかという大量の漁船団が突如として姿を見せたのだ。小笠原諸島に現れたのと大きさもデザインも同じ型の漁船だった。夜更けに静かに侵入したもので、百三隻、乗組員は三千人を超えるとみられた。外交圧力の手段として、大量の中国漁船団を動員したのだった。

この年の九月十一日、日本政府は尖閣諸島の国有化を発表しており、その阻止に向けた外交圧力の一環として、中国政府は百隻以上にもなる大型漁船団で警備の手薄な離島の漁港を事実上乗っ取ることで、日本を威圧したのであった。

中国政府はそんな日本側の見方を否定したが、中国側の意図を民主党や自民党など親中派の国会議員に理解させることは、サルに微分積分を解かせるより難しかったろう。鳩山由紀夫政権時代、米国抜きの東アジア共同体構想をぶち上げるなど、中国に媚びるしか能がなかった無為無策の民主党政権だったから「さもありなん」だが、日本もずいぶんと舐められたものである。

情けないのは、日本側の警備体制だ。沖合に水産庁の監視船が一隻、陸上ではパトカー一台だけだが、不法上陸者がいないかどうかを見張っていたというのだ。だが、船員らは不法上陸して民家の倉庫にあったコメを盗み、船上からは食べかすやゴミを海にまきちらかし、乱暴な操船で湾内の定置網などの漁具を破損する器物損壊事件も起こしていた。

当時、玉之浦町の町内会長だった白石敏博氏は「朝、目が覚めて港を見たら見たこともない大型漁船がたくさんいて驚いた。物凄い威圧感だった。あれだけの船団で来るなんて異常だ。台風から避難するということだったが、それ以外に何か狙いがあるんじゃないか、この島が占領されるんじゃないかと不安でいっぱいだった」と語る。

このときだけではない。五島には一九九八（平成十）年から二〇〇四年まで、毎年のように中国漁船がやってきていた。地元住民は、「暴風雨の際に日本の港に退避することができる」とした日中漁業協定で「玉之浦港が避難港に指定された」ためだと思い込んでいた。台風などの荒天やその他乗組員の急病などの緊急事態の際、海上保安庁など日本側に事前に連絡すれば入港できることになっていたからだ。

確かに、日中漁業協定で日本の港への緊急避難は認められていたが、実際の避難港としての指定は、民間の覚書に過ぎず、政府間の協定ではなかったのである。日本の民間側が中国当局相手に前のめりとなった危険極まりない申し合わせだったのである。

この協定は海上保安庁によると、一般社団法人「大日本水産会」（東京都港区）が中国側と結んだというが、二〇一八年当時、電話取材した筆者に対して大日本水産会側は「そんな覚書は交わしたことがない。政府の問題だから水産庁に聞いてくれ」と他人事だ。

二〇一二年当時も中国に忖度したのだろう。マスコミはほとんど、こうした事実を報じなかった。後から知った産経新聞が九州総局から記者を派遣して、全国民に五島の住民が味わった恐怖の一夜を詳細に報じただけである。

もう、政府が取り組むべき課題は見えている。まずは、日中漁業協定の改定だ。たとえ人道目的であっても、安易に上陸を許してしまうような協定は百害あって一利なしだ。だいたい、二国間協定といいながら、片務的であり不平等である。中国漁船が日本の港に避難と称して押し寄せることはあっても、「日本の漁船が中国側の港湾に緊急寄港し、船員が上陸したなどというケースは聞いたことがない」（水産庁）のが実態である。

外交的威圧目的でやってくる中国の漁民の中に民兵が相当数いるとみて警戒すべきだ。港湾の使用と不法上陸を許せば、それが既成事実化して島を事実上、乗っ取られてしまいかねない。それはまさに彼らの思う壺である。

したがって、日本政府がとるべき措置は、日中漁業協定の全面的な見直しと罰則強化、海保・警察当局による実力阻止能力を高めるための沿岸警備体制の強化を迅速に進めることだ。そこにイデオロギーの入る余地はまったくない。

海保と海自はソマリア沖の海賊対策で、自衛艦に海上保安官が同乗し、法の執行に備えた連携体制を整えている。密漁や荒天避難でわが国に近づく中国など外国船に対しても、自衛艦に海上保安官を乗せるなど、機動的に海洋警備を行えるようにすべきである。

日本政府が学ぶべき手本は、小国のパラオ共和国とインドネシアにある。

パラオ警備当局は五島列島に中国漁船団が押し寄せる四か月前の二〇一二年三月末、サメの保護海域で違法操業中だった中国漁船に警察当局がエンジンを狙って威嚇射撃を行い、船長一人を死亡させ、五人を逮捕した。この五人を含め、海に飛び込んで逃げた漁民二十五人全員を起訴している。中国との航空便も停止した。船長を死亡させたのは誤算だろうが、取った措置はあっぱれというほかない。

産経新聞時代に来日中のパラオのクニオ・ナカムラ大統領にインタビューした際、国連の信託統治が終了し、米国からの支援も激減する状況下で、ナカムラ大統領は「日本の一部になりたい」と訴えていた。しかし、軟弱外交の日本の一部などにならず、日本から経済支援だけを受けた方が得策であることは、これまでの経緯を見れば自明であろう。

インドネシア政府も二〇一五（平成二十七）年五月二十日、不法操業中に拿捕した中国漁船（三百トン）を爆破した。インドネシアの〝田中角栄〟と称される女傑、スシ・プジアストゥティ海洋・水産相の指示だった。高校中退後、魚の行商から身を立て、水産ビジネスで大成功を収めた立志伝中の人物である。

筆者が湯を沸かしてあげよう。日本の為政者は、パラオやインドネシアの爪の垢を煎じて飲んだらどうだろうか。

⑬ 釧路と苫小牧に中国租界誕生

北の玄関口、北海道釧路市が熱い。人口減少に歯止めをかけ、今や日本でも屈指の積み荷を誇る商港と軍港の町へと変貌を遂げつつあるのだ。〝チャイナマネー〟という禁断の麻薬に手を染めて…。

釧路港を見渡せる市の南部にある米町公園の展望台。太平洋に面した西港周辺に横付けされた巨大なコンテナ船が見える。青色に塗装された船腹には、白い文字で「COSCO SHIPPING」と書いてある。

中国大手の海運会社「中遠海運國際貨運有限公司」の日本法人「コスコシッピング・ラインズジャパン」の船だ。その向こう側には、上半身だけを海面に浮かべた巨大な潜水艦が停泊していた。背中に当たる部分はこんもりと盛り上がり、それが弾道ミサイルの格納庫であることは素人目にも明らかだった。双眼鏡で焦点を合わせると、艦橋の五星紅旗が目に飛び込んでくる。中国海軍の弾道ミサイル原子力潜水艦（SSBN）「097型」だ。

埠頭には水兵ら数百人が黒い塊となって整列していた。

二〇三五（令和十七）年七月下旬、北の大地特有のカラリとした夏の日差しが照り付ける中、釧路市による中国海軍潜水艦隊の歓迎式典が行われていた。

多選批判も何のその。中国政府による経済支援を背景に、異例の八期目を迎えていた海老名大吉市長（七六）は、式典に先立つ柳明明・中国駐札幌総領事との会談で、「釧路港は北極航路上の重要な物流港であり、中国の穀物飼料は釧路港から北海道に入ることが多い。釧路炭鉱は生産技術が進んでおり、長期にわたり中国の技術研修員を受け入れている。釧路は自然環境が美しく、日本最大の湿原を有し観光資源が豊富である。今後双方は物流面や観光面だけでなく、安全保障面でもより幅広い協力を展開したい」と述べた。

続けて、「本日、貴海軍が誇る最新鋭の０９７型を当港にお迎えすることができて、これ以上の喜びはない。乗組員には釧路でしっかり休養し、英気を養っていただきたい」と語った。柳総領事は、釧路市との「民間外交」「地方外交」への期待感を示しつつ、中国側から釧路市役所に対し、介護用車両として中国製の最新式電気自動車「ＢＹＤ」二十台を寄贈するほか、経済連携協力金として、市の年間予算を上回る年度当たり三百億円、十年間で計三千億円の融資を実施する意向を伝えた。返却できなければ、スリランカなど多くの途上国がそうであったように、港湾施設を借金のカタにとるだけのことである。

巨額の融資金は市と市関係者に還流されたのだろう。洒落た市所有の建物が増え始め、市役所の駐車場にはEV車が目立つようになっていた。

中国による釧路市の租界化である。北海道での拠点づくりは、中国共産党政権にとって四十年越しの願望だった。釧路市への巨額の融資は中国にとって願ってもないチャンスだったのである。北極海ルートの拠点として釧路港を活用できれば、海賊の出るマラッカ海峡などチョーク・ポイントを通る南回りのルートに比べ、節約できるコストも、軍事上得られる利点もこの比ではなかったのである。狭い海峡は海賊などが出没して安全保障上の問題が多い。北極海を通る北周りのルートだと一万三千キロで、南周りのルート二万一千キロに比べて距離にして約四割も短縮できるのである。

誤解してならないのは、外交と国防は政府の専権事項であって、地方自治体が何とかできる話ではない。自治体にできるのはせいぜい、姉妹都市提携による文化交流である。

だから中国の常套句である民間外交、地方外交という言葉自体がナンセンスなのだ。自治体がその矩を超えて中央政府の真似事をした結果が、経済と財政を中国政府に握られる租界化だったのである。ペンス米元副大統領が二〇一八年の演説で指摘した通りだ。釧路市の経済団体から政治活動費として還流資金を資金源にしていた地元選出の国会議員の腰は重い。日本政府も自治体と外国政府の経済活動を規制する法律が未整備であることをいいことに手をこまねいていた。

同様の取り組みは、札幌から千歳空港を結ぶ南線上に位置する北海道有数の工業都市、苫小牧市でも行われていた。かつては中国資本によるカジノ・リゾート構想も浮上したこの街は、札幌ドーム十八個分の百万平方メートルの広大な敷地に、トヨタ自動車の五つの巨大工場とオフィスが立ち並ぶ。

北朝鮮の日本海側に面した清津（チョンジン）、羅津（ラジン）両港の長期使用権を得た中国は、この両港からコンテナ船を派遣して細長い公海のある津軽海峡を越え、苫小牧、釧路両港に立ち寄っ後、北極海に抜けて欧州を目指すのである。

気づけば、釧路市の人口約十七万人のうち、およそ三割に当たる五万人が今や中国出身者だ。帰化した元中国人を入れれば、半数近くになる。人口の一割を外国人が占めれば移民問題が顕在化するとされるが、その三倍に当たる三割である。かつて東京都武蔵野市が導入しようとして頓挫した住民投票への参加はもちろん、地方自治体の特例として首長選と市議選への参政権も認められるまでになった。

市内はガチ中華料理屋で溢れ、中華料理特有の食材を扱う店舗だらけだ。公立の学校も中国人の子弟だらけで中国語が必修となり、学校長も帰化人、教師は中国本土から来た教員ばかりだ。

釧路と苫小牧はかつてないほどの活気を見せているが、町中で飛び交う言葉の多くは中国語だ。ネオンも下品などぎつい色に彩られ、中国資本が支配するマカオやカンボジアの首都プノンペンのような雰囲気を醸し出している。もう、日本だか中国だか分からない。タトゥーを見せびらかすようにシャツをめくって腹を出した格好で市内を歩く、ふだん何をやっているか分からない中国人風の外国人も多くなってきた。東京・池袋の繁華街と見紛うばかりである。外国人同士の抗争も絶えず治安も悪化した。

老夫婦が経営していた居酒屋や食料品店はまた一つ、また一つと閉店し、日本人の若者も街の変貌を嫌い、今まで以上に札幌市内や本土へ流出している。

来年の市長選には、海老名市長の後継として、コスコ・ジャパンの元幹部で現在、日本国籍の李大牧氏が有力視されている。

築城三年、落城一日。街も国も消えるときは一瞬だ。一度根を張った移民は決して母国には帰らない。元から住む者たちを駆逐し、ただただ繁殖を目指すのみである。

◆　◆　◆

北の釧路、南のシンガポール――。中国共産党政権は、釧路港と苫小牧港を北極海に抜ける重要拠点として活用する戦略を練ってきた。「氷上のシルクロード」である。人口減少でジリ貧状態となっていた釧路市にとって、これほど耳に心地良い言葉はあるまい。巨大な中国からみれば、釧路も苫小牧も疑似餌につられる小魚同然である。

両自治体にはウィンウィンの互恵関係をうたいながら、その実、虎視眈々と乗っ取りを狙ってきたのである。長期租借と中国人の租界化が終着点である。日本側の協力を得られるに越したことはない。オーストラリア北部の重要港、ダーウィン港がまさにこのようにして乗っ取られたのである。フィリピンでは二〇二四年春、フィリピン人になりすました中国人工作員とみられる女が市長に就任し、大統領が捜査を命ずる騒ぎも起きている。

中国は現在、北の一帯一路として北極海ルートを「氷上のシルクロード」と銘打ち、国際社会で悪評の高い巨大経済圏構想「一帯一路」構想を地球全域に押し広げている。その矛先は、アイスランドやグリーンランド（デンマーク領）にも向けられてきた。

中国政府は二〇一八年一月、北極海の開発に関する基本政策「北極政策白書」を初めて公表した。白書は、「北極圏に最も近い国の一つ」と自国を位置づけ、経済や環境など幅広い分野で北極の利害関係国だと明示したのだから、噴飯ものだ。中国のどこが北極海に最も近い国なのであろうか。

「私のモノは私のモノ。あなたのモノも、私のモノ」――。混乱に次ぐ混乱の地、中原（黄河中下流域の平原）で揉《も》まれた中国（漢）人らしい発想だ。

米国防総省は二〇一九年五月、中国の軍事行動に関する年次報告書の中で、中国人民解放軍が北極圏で活動を活発化させていると警鐘を鳴らしている。また、中国がグリーンランドに関心を持っていることへの警戒感を示した。中国は実際、デンマーク側に研究施設や衛星通信施設の建設や空港の改良工事などを提案していた。数か月後、トランプ米大統領がグリーンランドの買収を口にしたが、米国は一八六七年にアラスカを当時のロシア帝国から購入し、アイゼンハワー大統領時代の一九五九年に合衆国の州に組み入れたことがある。中国を牽制する狙いがあったのは間違いない。

これが世界の現実である。中国にしてみれば、日本政府さえ黙らせておけば、釧路市や苫小牧市など、取るに足らない存在だし、ひとひねりである。両市とも、中国のことを何でも言うことを聞いてくれる「友好姉妹都市」として、中国の下請け都市に成り下がる危険性がある。英領時代の香港、シンガポールである。

先述の中国共産党のフロント企業「コスコシッピング・ラインズジャパン」は、登記上は日本法人だが、経営陣は中国人で企業内には共産党支部が置かれている。同社の社長は共産党をバックに虎の威を借りているのだろう。大手とはいえ、たかが一企業である。それが釧路市を訪問した際、釧路の開発をめぐって偉そうに講釈を垂れている。

社長は「われわれから釧路市には、五つのアドバイスがある」とし、（1）釧路市は川上・川下の整備に注力すること（2）コスコ・ジャパンの航路ネットワークづくりに協力すること（3）積極的に一帯一路に参加すること（4）クルーズ船に注目すること（5）燃料供給に万全を期すこと——これらを実行することだと語った。

中国資本が釧路湿原など内陸部の広大な土地をメガソーラーなどを使う形で買い漁っていることを踏まえれば、将来内陸部の「中国人居留区」と川下を結ぶインフラを整備せよと言っているのに等しい。こうした事態を放置すれば、「中国人居留区」がやがて「中国人自治区」となり、そのうち中国人と日本人の人口が逆転して、北海道そのものが「中国領の日本人自治区」に成り下がりかねないのである。

安倍晋三政権時代の二〇一八年五月十日、中国の李克強首相が特別機で北海道・新千歳空港に降り立った。北海道の農業を視察するためというのは表向きの理由に過ぎない。

在京中国大使館と在札幌総領事館が北海道侵略に向けて蒔《ま》いた種が芽を出しつつあることを確認するためだった。中国の首相がわざわざ北海道に来た意味は重い。中国共産党政権が本格的に北海道進出（侵略）に動き出したということである。安倍首相が道案内役となったのは、不可解だった。首相官邸のスタッフが鈍感過ぎるか、あるいは、あえて安倍首相を同行させることで李首相の手足を縛ったともいえる。

過疎に悩む自治体や児童・生徒の減少で経営の難しくなった私立学校に資金提供し、留学生を送り込む手法は、これまでにも見てきた通りだ。宮崎県えびの市という過疎地にある日章学園九州国際高校は一時期、生徒の九割が中国人留学生だった。えびの市は内陸だが、山間部に海上自衛隊の潜水艦隊通信基地がある。香川県東かがわ市の旧福栄小学校跡地には、中国共産党傘下のエリート校「北京海淀外語実験学校」が進出を図る話が寸前まで進んでいた。

李克強首相が北海道に来る前の二〇一六（平成二十八）年五月二十一日、程永華駐日中国大使が釧路を訪問している。程氏は蛯名大也《えびなひろや》市長と面会した際、中国側の常套文句である「民間外交」「地方外交」への期待感を示している。地方と東京の分断工作である。程大使はこの二年前の二〇一四年にも北海道を訪れ、札幌市内の講演会でこう語っている。

「北海道の対中協力には非常に大きな潜在力がある。特に若者が中日友好事業に参加するよう導くことを希望する」

同じ年の十二月には、在京中国大使館の張小平一等書記官（経済担当）が釧路市にやって来て、中国側の意図を隠そうともせず、こう語っている。張氏は「中国は北海道航路の試験運用を本格化している。釧路はアジアの玄関口として、国際港湾物流拠点としての成長が期待できる。釧路は北米に近い。将来は南のシンガポール、北の釧路と言われるような魅力がある」と述べている。

時系列をみると、中国は組織的、計画的に北海道侵略の足掛かりをつくろうとしていることが明らかになってくる。

李克強首相が北海道を訪問したばかりの翌二〇一九年十月二十五日、中国の王岐山《おうきざん》国家副主席が特別機で新千歳空港に降り立った。王氏は三日前の「即位礼正殿の儀」に参列するために来日していた。北海道は公式の見解で、「王氏は洞爺湖周辺を巡って紅葉を楽しんだ」と呑気なことを言っていた。李克強首相に続き、王岐山副主席という中国首脳の来道で駐日中国公館に北海道侵略にお墨付きを与えに来たのが分からないようだ。中国側が舌なめずりをして北海道侵略を企てているのが分からないのだから情けない。侵略というのは軍隊が進駐してくることだけを意味しない。度を超した移民も経済進出も侵略なのだ。

この間、北海道幹部、釧路、苫小牧市幹部らに対し、あの手この手で分厚い中国側の接待攻勢があったことは想像に難くない。飴と鞭である。甘い顔と恫喝だ。国際政治への感度が鈍く、笑顔に騙されやすい地方自治体が、共産党独裁国家に篭絡されていく姿を見るのは辛いものがある。国家が消滅するときは内部から、それも地方から自滅する。第二次世界大戦の緒戦でポーランドは、世界地図から消えている。国民も虐殺されたり、シベリアに抑留されたり、民族が四散した歴史事実に思いを致すべきである。

オーストラリアを訪問した李鵬首相は一九九五（平成七）年、キーティング首相に願望を込めてこう語っている。

「日本はとるに足らない国だ。三十～四十年もしたら、なくなるだろう」

日本はまだ健在ではないかと高をくくってはいけない。戦後八十歳という後期高齢者の体は、中国大陸からやってきた凶悪な政治ウイルスに感染し、あちこちが悲鳴を上げ、確実に蝕まれているのである。

バッドシナリオⅣ

学校も中国の若者に乗っ取られる

⑭ 廃校狙う「中共の先兵」に気をつけよ――

クマゼミがジョワジョワ鳴いて夏の暑さを引き立てる二〇三五（令和十七）年の八月四日土曜日の昼下がり。香川県東部の瀬戸内海に面した東かがわ市の山間部で、北京海淀（かいでん）外語実験学校「東かがわ分校（海淀東かがわ分校）」の開校式が行われた。舞台となったのは十五年前の三月末に閉校した東かがわ市立「旧福栄小学校」である。式典の行われた講堂の壇上奥には、日章旗とともに、中国の五星紅旗が掲げられていた。

中国側から分校誘致の功績を認められ、海淀東かがわ分校の名誉校長に推挙された下村二郎市長は、晴れがましい表情を浮かべながら、こう祝辞を述べた。

「海淀校の海外進出の拠点として、日本で初めてこの東かがわ市が選ばれた。中国共産党幹部の子弟が通うこのような素晴らしいエリート養成学校をわが町にお呼びすることができて、大変うれしく思う。今後は、海淀校と連携を強化し、海淀校が日本全国に拠点を持つ先駆けとなるよう、お手伝いして参りたい」

人口約二万人足らずの東かがわ市は、海と山に囲まれた自然豊かな地方都市である。手袋産業は国内最大規模で、百三十年の歴史がある。現在では国内企業が製造する手袋の約九割を東かがわ市を中心とした香川県内の企業が手がけている。

二〇二一（令和三）年の東京五輪では、金メダルをとった日本のフェンシング男子団体の選手らが使用していたグローブが東かがわ市で作られたものだった。人民解放軍も東かがわ市で作られた頑丈な手製のグローブを採用するなど、半導体などＡＩ技術とはまた次元の違う話ではあるが、軍用品の供出という点で、中国とは経済安全保障面でもただならぬ関係になっていた。

そんな街の郊外にある旧福栄小には一八九二（明治二十五）年の開校以来、手袋産業や農業に従事する家庭の児童が通ってきた。だが、多くの過疎地がそうであるように、住民の流出に伴う児童の減少は止めようもなく、二〇二〇（令和二）年、卒業生に惜しまれながら百二十八年の歴史に幕を降ろした。そこに目を付けたのが、中国共産党だった。外国との教育交流を隠れ蓑に、海外拠点の構築に向けた党実働部隊である北京海淀外語実験学校（海淀校）の出番である。仲をとりもったのは、東かがわ市議会の一部議員と中共の強い影響下にある香港のソフトボールチームである。

海淀東かがわ分校は、朝鮮学校と同じで文科省が定めるカリキュラムを満たしていないため、学校教育法による「一条校」ではなく、各種学校という位置づけだ。

海淀校は二〇二五（令和七）年以降、毎年春から秋にかけ、ヨット合宿と称してひと月ごとに百人規模で旧福栄小にやって来た。

海淀校側は定住化を目指す本音を隠しながら夏の一時期、ヨット訓練の合宿を行うという名目で本国から資金を調達し、校舎の外壁から敷地を囲む塀まですべてを改装した。高い塀に囲まれた学校内部の様子は外からは窺い知れない。

開校前に校内を案内された市関係者によると、校舎内はかつての教室を利用した学習室とレクリエーション室、児童らの宿泊する寝室に分けられ、体育館にはマットやほふく前進の際に使うネットなど、軍事教練用の小道具が運び込まれていた。

開校式典には、胸に大きな赤いリボン徽章をつけた東かがわ市の下村市長はじめ、武田智治教育長、海淀校の誘致をリードした中田貞夫市議ら来賓らとともに、海淀校から王克戦校長ら中国側関係者が出席していた。

前方に居並ぶ学校関係者らと対面するような形で整列した児童百五十人。人民解放軍の軍服を模した制服姿に赤いスカーフを首に巻き、みな緊張した面持ちで前方を注視していた。一糸乱れぬ見事な隊列は、中国国内ですでに十分なしつけ（訓練）を受けていたことを窺わせる。児童のほか、教師や保護者ら総勢五百人近い中国共産党関係者が過疎の山あいに一堂に会す異様な光景は、ここが日本であることを忘れさせるのに十分だった。

北京の海淀校は、科学技術分野の発展を目指した国家レベル特区である北京市海淀区に一九九九年、中国政府の承認を受けて設立された全寮制の幼稚園、小学校、中学校、高校の一貫校だ。外国語、とりわけ英語の習得に力を入れている。二十八万平方メートルの広大な敷地に校舎、寄宿舎、スポーツ施設、動物園を有する。米国東部のニュージャージー州、中西部のミシガン州、南部ノースカロライナ州にも支部があり、英国やオーストラリアなど計十三カ所に拠点を持つ。

海淀区には北京大学、習近平国家主席の母校、清華大学に代表される高等教育機関四十以上がひしめき合い、中国科学院など各種国立研究機関が二百以上林立している。海淀校は中国共産党が世界に誇る、押しも押されぬスーパーエリート校なのである。

海淀学校の全校生徒は約六千人。このうち約三百人が日本語を学んでいる。教員は日本やドイツ、フランスなど海外から呼び寄せ約一千人。二歳児から入園させ、三歳児から入寮する。ＩＴ（情報技術）、語学、芸術、スポーツ分野での英才教育に力を入れている。

何と言っても特筆すべきは、人民解放軍さながらの軍事訓練だろう。海淀東かがわ分校で毎週金曜日の午後に行われる隊列行進では、人民解放軍の予備校よろしく、児童は男子も女子も軍服姿で顔には黒と緑の迷彩を施している。格闘技の授業では、児童が一対一になって相手を組み伏せ、模造ナイフで首をかき切る訓練を行っている。軍事教練のオンパレードである。ヨットの訓練を名目に、廃校で合宿させてほしいと言っていた当初の説明は、廃校と過疎地を乗っ取る方便に過ぎなかったのである。

不穏なのは、海淀校進出の動きと合わせるように、東かがわ市に面した小豆島の旅館やホテルが中国資本に軒並み買収されていることである。友好親善などとは違う別の意図を持って、計画的・組織的に買収しているとみられることだ。

彼らは旅館やホテル周辺の土地を買い漁り、若い中国人男性らに開墾させていた。彼らは軍事訓練を受けた人民解放軍の兵士としか思えない立派な体格の持ち主だった。

時すでに遅し。気づいたときには、中国資本に買われた瀬戸内海の離島や無人島、山林の面積は、小さな東京ドームの数では比較できないほどに広がっていた。

古来、瀬戸内海は海上交通の要衝であり、本州側には広島・呉の海上自衛隊基地や山口・岩国の米海兵隊航空基地がある。瀬戸内海に人民解放軍のステルス拠点を確保できれば、大阪港から本州最西端、山口・下関港を結ぶ海上交通路を押さえることができる。

海淀校による拠点化の真の狙いが、安全保障面における日本国内の攪乱と租界化にあるといわれる所以である。こうした動きは香川県にとどまらず、長崎県の五島列島、対馬にも及んでおり、数年以内に海淀校の分校がそれぞれ設立される予定だ。

下村市長の祝辞に続き、開校式であいさつした海淀校の王校長が不敵な笑みを浮かべながら、こう語った。

「瀬戸内海を望む香川県にわが北京海淀校の拠点をつくることに成功した。中日友好の懸け橋として未来永劫、この地で新たな中華文明の灯をともしたい」

開校式典に来賓として出席した地元選出の衆院議員、石崎義彦元文科副大臣が驚いた表情を見せたのは、王校長が語った次の言葉を聞いたときだ。在来種を食い荒らす外来種の侵略を思わせる発言だった。

「二年後の二〇三七（令和十九）年には、廃校を再利用してウインタースポーツの技術向上を目指す海淀ニセコ分校が北海道にできる。東かがわやニセコだけではない。数年以内にわが分校は四十七都道府県につくられる。過疎と財政難に悩む日本の地方都市が、分校を拠点とした文化・経済交流により、一帯一路の恩恵を受けて大いに発展するであろう」

◆　◆　◆

東かがわ市での拠点化は、海淀校にとって長年の悲願だった。二〇二〇（令和二）年、旧福栄小学校が閉校した当時、あと少しのところで拠点化を実現できるところまで話は進んでいたのだった。だが、東かがわ市から住民への十分な説明がなされないまま、東かがわ分校がつくられることを知った地元住民が猛反発し、頓挫していたのである。

そのときはせっかく、廃校利用の計画断念に追い込んだのに、反対していた住民が高齢化で亡くなったり転居するなどして一人消え、また一人消えていくうちに、とうとう廃校が乗っ取られてしまったのである。東かがわ市が廃校を更地にして別の形で利用するとか、地域のコミュニティー施設として再利用するなどの対策をとってこなかったためだ。

むしろ、中国マネーを当て込んで海淀校を誘致するために廃校をわざと遊ばせておいたという疑惑も残る。数億円という、分校の開校に使われるにしては巨額過ぎる中国マネーの使途について、香川県警の頭越しで、警視庁と大阪地検特捜部がそれぞれのルートで内偵を進めているという。

問題は、日本が抱える少子化が背景にある。地方中心に全国で小中学校の閉校が続き、再利用されていない廃校が多数残っており、そこに中国が食指を伸ばしているのだ。

文科省によると、児童生徒の減少により平成十四（二〇〇二）年度から二十九（二〇一七）年度に発生した廃校数は七千五百八十三校。このうち、取り壊されたりせずに施設が現存している廃校は、平成三十年五月一日現在、六千五百八十校で、放置されたままの廃校は一千六百七十五校に上る。

北京海淀外語実験学校に廃校を乗っ取らせないためにも、文科省が地元自治体と連携しながら、廃校の実態把握はもちろん、再利用計画の策定や解体の推進を進めるべきである。特に注意すべきなのは、再利用を決める際、安易に海外資本、とりわけ国家戦略で組織的・計画的に日本への移住強化を図る中国の団体・個人への貸与や売却の禁止だ。

これは現行の建築基準法や地域保健法など、既存の法律の運用強化で対処できる。それでも法に不備があるというのなら、内国民待遇を規定するなどした外為法（外国為替及び外国貿易法）の見直しに取り掛かるべきである。

それ以上に注意すべきなのは、英語教育を通した親善や経済連携という中国の誘い文句に安易に乗せられてしまう地方自治体の脇の甘さである。

あご足つきで中国に招かれ、「先生、先生」と熱烈歓迎され、マネートラップ、ハニートラップにかかる自治体首長ら幹部、地方議会議員らのだらしなさ。東かがわ市では二〇二〇年、地元住民の反対で海淀校の誘致こそ断念したが、中国側の接待攻勢に骨抜きにされた事実は知る人ぞ知る。

英語教育をするのに、なぜ、英語を母国語としない国との交流が必要なのかが理解不能である。アクセントや発音を含めて中国語なまりの英語を東かがわ市の子供たちに教えてどうするのかという、至極まっとうな批判が住民から寄せられていた。

何の疑いも持たず、北京海淀校を視察した東かがわ市のご一行は、彼らの術中にはまって手のひらの上で泳がされていることを知る由もない。

権威主義で共産党が独裁する国家は、対外的に見栄えの良いところしか見せないものである。そんな上っ面だけを見せられて彼らの真の狙いを理解できず、また見破ろうともせずに海淀校の語学教育に感動する様は、どこまでも能天気だし、日本の子供を巻き込むという点では、どこまでも罪深い。

ふだんは乱暴狼藉、他人に迷惑をかけて憚らない街の不良が、罰で社会奉仕の一環として命じられているゴミ拾いを傍から見て、彼らが率先してやっているのだと誤解しているのと同じである。

過疎に悩む地方の自治体が相手の真意を深く探ろうともせず、無邪気にも中国人民解放軍の別動隊を喜んで手招きし、廃校など公共の施設を乗っ取られている姿。それは、平和ボケした戦後日本を象徴する、最も見たくないシーンの一つなのである。

⑮ 中国に乗っ取られた日本の学校

♪ 起来！ 不願做奴隷的人們！ 把我們的血肉、築成我們新的長城！ 中華民族到了最危険的時候、毎個人被迫着発出最後的吼声 起来！ 起来！ 起来！ 我們万衆一心、冒着敵人的炮火、前進！ 冒着敵人的炮火、前進！ 前進！ 前進！ 進！ ♪

何とも勇ましい国歌だ。きれいなマンダリン（標準中国語）で歌い上げる生徒たち。それもそのはず、生徒全員が中国人なのだから当然だ。

といっても、ここは日本である。二〇三五（令和十七）年三月一日、北海道胆振地方にある全寮制の私立北山学園高校の卒業式は、かつてないほど盛大に挙行された。

何しろ、卒業生全員が中国出身となったのは初めてである。進学実績も目を見張るものがあった。卒業生は過去最高の九八％が日本の四年制大学への進学を決めている。

生徒らは、日本の中学生に当たる年齢まで北京でエリート教育を受け、地方の中国共産党支部の指示で勇躍、日本にやって来ていた。
中国から日本の中学や高校に留学する「低年齢留学」である。
大学卒業後、ある者は日本の大手企業に就職して帰化し、またある者は帰化して一般の国家公務員や地方公務員にとどまらず、裁判官や検察官を目指す。それは、青年期に自分を育ててくれた日本のためではない。祖国・中国を牽引する中国共産党のためである。

冒頭の中国国歌は、こんな歌詞だ。

立ち上がれ！　奴隷となることを望まぬ人びとよ！　我らが血肉で築こう新たな万里の長城を！　中華民族に最大の危機がせまる、一人ひとりが最後の雄叫びをあげる時だ　立ち上がれ！　立ち上がれ！　立ち上がれ！　我々すべてが心を一つにして、日本軍敵の砲火に向かって進め！　敵の砲火に向かって進め！　進め！　進め！　進め！

一九三七（昭和十二）年に始まった日中戦争は、そのほとんどを日本軍と中国国民党の蔣介石総統率いる中国国民政府軍が戦った。中国大陸内奥部の延安に引っ込んでいた中国共産党指導者の毛沢東率いる八路軍も日本軍相手に散発的なゲリラ戦を展開した。そうであっても、歌詞にある「敵」が日本であることには変わりなかった。

時代は二十一世紀となったが、歌詞の持つ偉大な意義は変わらない。九十年前、祖国を軍靴で踏みにじった、憎っくき日本を懲らしめる「中国の夢」を実現する百年計画の長い旅はまさに、緒に就いたばかりである。

政治、行政、司法、財界の中枢部に入り込み、腐りきった小日本の心根を組織の内部から正すのである。時間がかかろうとも、中国を頂点とする華夷秩序に小日本を取り込み、最終的には世界地図から日本を抹殺することが目標だ。

西日本の半分を中国に吸収合併し、東京を含む東日本を中国の自治区とした暁には、皇室を廃止し、皇族を戦争犯罪人として裁判にかける。軍国主義を賛美する靖国神社、護国神社は百害あって一利なしだ。即刻解体するとともに、村の鎮守の果てまで、全国に数えきれないほどある神社仏閣を更地にする。

その先兵がここ、北山学園高校であり、二〇三五（令和十七）年、香川県にできた北京海淀外語実験学校東かがわ分校（海淀東かがわ分校）なのである。

生徒の一〇〇％を中国人が占める北山学園高校が、朝鮮学校や海淀東かがわ分校と決定的に違うのが、学校教育法が規定した「一条校」だということだ。

もともと中国人留学生が多く、二十年前の時点で九割を占めていた。その後、毎年日本人生徒が減っていき、数年前にとうとう一人もいなくなってしまったのだ。過疎化が進み日本人の子供が減ったのと、北山学園が中国化していくことを嫌った保護者の判断がこうした状況に拍車をかけた。

そんな日本側が抱える悩みなど眼中にないとばかり、高校総体にも参加して好成績を収めていた。各種学校ではなく、学校教育法に基づく日本の高校であるため参加可能だったのだ。特に強いのは卓球とバスケットボールで、昨年のインターハイで男女そろって全国制覇を成し遂げた。

卒業式であいさつに立った出口勝利校長は、居並ぶ生徒を前にこう、語った。

「私たちのことを品のない言葉で批判する人たちもいました。しかし、卓球とバスケの選手たちをみてください。雑音にもめげず、見事に全国制覇を成し遂げた。勉強とスポーツという文武両道を体現し、日中両国の懸け橋として本校の理念を実践に移してくれました。卓球やバスケだけではありません。今日卒業する生徒諸君全員の未来を祝福して送り出したいと思います。日本は今こそ、偉大な中国の歴史と文化、科学技術に学ぶべきなのであります」

ただ一人の日本人教員だった出口校長はこの日を最後に勇退し、後任には北京海淀外語実験学校出身の教頭、林沢軍が校長に就任する。来年度からは、普通科に加え、サイバー分野の専門家を育てるべく、データ・サイエンス学科を拡充し、中国人留学生を百人増員する予定だ。

北山学園高校の成功をモデルとし、全国各地で中国人留学生受け入れ拡充の動きが拡大していく一方、「中国人の学校」を敬遠する日本人が増えるのに比例して、中国人留学生だけの学校がますます増加している。

新校長の林沢軍はこう、語った。

「もちろん、日本人の生徒も歓迎します。ただ、本校では中国語は必修です。一定以上の水準に達しなければ、中国人留学生との差別化を図らせていただきます。申し訳ないのですが、ここ北山学園で中国語ができない日本人生徒は、〝二流生徒〟として特別支援教室で勉強してもらいます」

◆◆◆

ここは日本だというのに、とうとう中国人だけの高校が誕生してしまった。その兆候は二〇一八（平成三十）年ごろ、すでにみられたのだが、放置されたままだった。

生徒の九割が中国人留学生という宮崎県えびの市にある日章学園九州国際高校（馬籠勝

典校長）だ。ご多分にもれず、全寮制である。日本人生徒は十六人。中国人留学生は百六十七人に上る。同校はもともと日本人だけだったが、二十一世紀になると急激な少子化の影響で、生徒集めに苦労するようになったという。実際、宮崎県の高校生の入学者数はこの二十年間で三五％も減少し、経営が立ち行かなくなっていたのだ。

馬籠校長は、ＮＨＫ「おはよう日本」の取材に対し、「どんどん日本人の生徒が減っていきました。会社ではありませんが、倒産です」と語っていた。

中国人留学生は二年間、日本語を学んだ後、大学入試の対策を徹底的に行い、七年連続で進学率一〇〇％を達成している。外国語は中国語で受けた可能性もある。

筆者も当時、九州国際高校や母体の日章学園に取材を申し入れたが、時すでに遅し。ＮＨＫの報道を受けてネット上はこうした学園側の〝留学生商法〟への批判で大炎上し、学園側は態度を硬化させていたのだった。取材を拒否した表向きの理由は、「生徒らの大学受験への影響と身辺の安全確保」だという。

だいたい、生徒の身辺の安全に対する責任を取材者に求めるのは筋違いである。過疎の町に九割もの中国人留学生がやって来れば、不審に思う地元住民がいない方が不自然ではないか。例えば、トウモロコシ畑が一面に広がる米国の田舎町に、米国人向けの地元の学校に日本人留学生が九割も通い出したら、町の人はさぞ驚くに違いない。

ＮＨＫを見た視聴者から、抗議や説明を求める電話が学校にひっきりなしにかかってきたという。中国人留学生を学校経営の柱とする以上、起こり得るリスク管理の責任が学校側にあることを忘れてはならない。

九州国際高校ばかりではない。房総半島の南部に位置する鴨川令徳高校（千葉県鴨川市）は、十年ほど前から中国人留学生を受け入れており、生徒全体に占める割合が五割に上る（「東洋経済ＯＮＬＩＮＥ」二〇二四年五月十八日付）。

高知県の明徳義塾中学・高等学校（須崎市・土佐市）は、全校生徒一千人のうち留学生は約二百五十人おり、このうち中国人留学生は二百人に上る。二割が中国人留学生なのだ。岡山県の山間部に位置する中高一貫の朝日塾中等教育学校（岡山市）は、六学年全体で中国人留学生が三割を占めている。

こうした事実を知っていれば、北山学園高校の「総中国人化」は驚くに当たらない。むしろ、日本政府が自ら撒《ま》いた「不誠実な種」が実を結んだ結果だったのである。

二〇二四年現在、日本在住の外国人は三〇七万人を突破し、全国の七五％に当たる千三百以上の市区町村で外国人が増えている。

その大きな理由が、外国人留学生だ。とりわけ多いのが中国人留学生である。何しろ日本政府が後押ししているのだから、増えるのも道理だ。

政界引退後に中国共産党の広告塔に成り下がっている福田康夫氏が首相だったころの話だ。二〇〇八（平成二十）年夏に提唱した「留学生三十万人計画」をきっかけとして、中国人留学生が格段に増えるきっかけとなったのである。

東京オリンピック・パラリンピックが開催される予定だった二〇二〇年をめどに、二〇〇八年当時、十二万人だった留学生を三十万人受け入れることを目標に掲げた計画だ。福田首相の意向表明を受け、外務省や法務省など六省が合同で検討を進め、日本への留学希望者のために一元的な相談窓口を海外に設置するほか、留学生活を円滑に進めるため、在留期間の更新申請など審査の簡素化や審査期間の短縮や「卒業後の社会の受け入れ推進」までも計画に盛り込んだのである。

今回取り上げたのは高校で、「留学生の低年齢化」を主題とした。欧米の大学では、出身国ごとに受け入れ学生の割合が決められており、留学生の出身国が偏らないような仕組みとなっているが、日本は国公立大学から、早慶など有名私大まで、まるで「中国人のための制度」と言われても反論できない構成比となってしまっている。

さらに深刻なのは、中国の文化大革命時の悪名高い「紅衛兵」ならぬ「紅小兵」のような留学生が来日し、あろうことか日本の中高校で、歴史認識などで反日、抗日教育を刷り込まれて「立派な抗日闘士」となって巣立っていく仕組みができつつあることだ。

こうした傾向を今すぐにでも変えていかねば、北山学園のような中国人だらけの「日本の学校」が雨後の筍のように日本各地で姿を現しかねないのである。

この悪夢のような事態を避けるのは、政治の責任で対策を講じていくしかない。中学、高校に来る中国人留学生の皆がみな、共産党の工作員になるわけではないが、蛇口を絞るのは国家の責任である。主権国家なら、当たり前の措置だ。

税や社会保障費も重要な内政課題だが、修正は可能だ。これに対し、移民や外交、安全保障という国家存立の根幹に関わる問題は、一度の政策的な失敗が国家の衰退、あるいは死すら招きかねない。

自民党総裁選や総選挙では、留学生を含む移民の問題にどう取り組むのか—。そうした視点から一票を投じる意識を持つことも重要だ。

⑯ 孔子学院が日本の大学を席捲する日

靖国神社の解体を終えた紅野太郎首相は二〇三一（令和十三）年秋、今度は全国に鎮座する護国神社の解体に着手した。

日本人の心をへし折り、中国やら韓国やらが喜ぶことは驚くほどのスピード感を持って実行に移す首相である。返す刀で学校制度改革に乗り出した。決断力もあり、実行力もあるのは自他ともに認めるところだ。それが、国益に反し他国を利する方角を向いているのだからたまったものではない。

中国人留学生が十人以上在籍する大学には「孔子学院」を、高校には「孔子課堂」の設置をそれぞれ義務付けることが柱だ。文部科学省の省令で対応する。そもそも、孔子学院の設置には法令による認可や届け出は必要ない。そのため文科省は実態を把握できておらず、現在も「所管する部署がなく、詳細な情報がない」状態という。

紅野首相は、「ならば省令で孔子学院の立ち位置を明確にし、日中の学術・文化交流を堂々と推進してもらった方が良い」として、日陰者の存在だった孔子学院を表舞台に引き上げたのである。

首相就任後、初の外遊先として選んだ中国で、事実上の終身国家主席となった四期目の習近平国家主席に〝謁見〟した。この際、紅野首相は日中の学術交流の活発化を理由に孔子学院の日本国内での拡散を自ら提案し、習近平にこれを「高く評価」されていた。

孔子学院とは名ばかりで、実質的には「習近平学院」である。孔子学院は、大学に拠点を置く中国のスパイ工作機関で、中国古代の思想家の名を冠したのは、実態を隠すカムフラージュのためである。

一九六〇年代半ばから七〇年代半ばまで中国全土で吹き荒れた文化大革命当時、「批林批孔」を唱えて排斥してきたのは、どこのだれか。当の中国共産党である。批林批孔とは批林彪、批孔子である。林彪は一時は毛沢東の後継と目され、国家副主席まで上り詰めながらモンゴル上空で墜死した人物だ。

すでに三千人を超す中国人留学生で溢れかえる早稲田大学（東京都新宿区）では、孔子学院を二〇〇七（平成十九）年に北京大学と共同で設置して以降、一万人を超える学生や卒業者らが孔子学院の門をくぐった。彼らは「習おじさん」の政治理念と大東亜戦争時の旧日本帝国陸海軍の〝悪逆非道〟ぶりをしっかり学んで社会に羽ばたいている。

早大系列の早大高等学院（東京都練馬区）にも「孔子課堂」がいち早く設置された。高校三年間と大学の四年間の計七年間、「習おじさん」の教えをしっかり学び、中国にも短期留学した学生もいたことであろう。中国共産党の洗脳教育をみっちり受けた学生が、卒業後もＯＢ、ＯＧの地域的な親睦団体「稲門会」などを通じて、中共の「喉と舌」となって活躍しているのである。

早大高等学院の孔子課堂は設立後数年して、コロナ禍を理由に活動を停止していたが、その後復活。中国側から巨額の運営資金が投入されているのだろう。校舎は中国の大手通信機器メーカー「華為（ＨＵＡＷＥＩ）」の全面協力で一部がＡＩと６Ｇ対応に改修され、中国語の授業は人型ロボットによる「対面」授業が行われた。敷地内の一角に、等身大の孔子像と習近平の像が建てられていたのは兄貴分の早大大隈庭園と同じだった。

早大高等学院や早大生が孔子学院で学ぶ「習おじさん」とは、中国の小学校で使われる教科書に出てくる習近平のことだ。習近平を親しみのある理想的な国家のリーダーとして描き、小学校では「習近平が全党全国人民の道案内人であることを知り、党の指導を堅持すれば偉大な復興を実現できる」と教えられているが、それと同じことを日本の高校や大学で宣伝しているのである。

早大の孔子学院は今や日本国内で最大級となったばかりではなく、建学の精神「在野の精神」を忘れ、「媚中の精神」に成り下がるという、大隈公にとってはあってはならない「質的な変貌」、すなわち、大学運営上の化学変化を起こしていた。往年の早稲田大学とはまったくの別物になってしまっていたのである。

それは、孔子学院出身者の早大総長への選出でも明らかだ。孔子学院は、党の工作機関「中央統一戦線工作部」の支配下にある組織であり、そこに在籍して早大の親中化計画に功績のあった人物は、党幹部候補として遇される。

二〇三一（令和十三）年の九月、早大の第十八代総長となった李強振・前孔子学院院長がそうだ。李総長は、中国共産党の「党外交」を推進する「中央対外連絡部（中連部）」出身のエリートで、日本語も堪能だ。

多文化共生を掲げる早稲田大学に中国出身のしかも共産党幹部候補が総長となる前代未聞の人事である。かつて明治期の思想家、福沢諭吉は、大学が共産化するなら、それは東京帝国大学が旗振り役になるのであって、慶應義塾ではないと言っていた。それが今やどうだ。共産主義者、マオイストの巣窟に成り下がったのは東大でも慶應でもなく、ライバルの早稲田大学だったのである。

早大に続き、孔子学院の老舗、立命館大学（京都市）、桜美林大学（東京都町田市）でも中国出身の孔子学院長が学長に就任し、中国・西安交通大学（陝西省）、遼寧師範大学

（遼寧省）とそれぞれ連携協定を結び、事実上、認知戦に注力する中国の静かなる日本侵略の水先案内役となったのである。認知戦とは、ＳＮＳなどで偽情報を振りまき、相手の判断を鈍らせる手法である。

李強振総長は、戸山の文学部キャンパス体育館で行われた入学式で、大勢の中国人留学生を前にこう熱弁を振るった。

「入学おめでとう。皆さんは縁あって早稲田大学にやってきたわけです。中国と早稲田の関係は歴史が深く、共に手を携えて近現代史を生きてきました。いま、その中心にいるのが孔子学院です。学部を横断する本学の中核として、なくてはならぬ存在となっています。今や本学だけではなく、各地の大学にも孔子学院が続々と設立されています。孔子学院が日中両国の紐帯となって、その本分を十分に発揮することが期待されます。習近平主席の思想を学び、中華の平和とその果実を共に分かち合おうではありませんか！」

李総長がそう言ってあいさつを締めくくると、来賓の在京中国公使の崔文明らが拍手で称えた。隣席には、同じく来賓で赤い胸章をつけた小渕秀子元防衛相ら早大のＯＧ、ＯＢらの姿があった。

中国人留学生が十人以上いれば孔子学院を創設するという手法は、共産党の組織拡大に利用されたのと同じ手口である。中国に進出した日本企業はもちろん、日本国内の日本企業であっても、社内に共産党員が三人いれば中共支部を作る義務を定めた中国国内法に依拠したやり方だ。日本企業にとって中共支部はシロアリのような存在である。いつ、屋台骨を食い荒らされるか分からない駆除すべき害虫なのである。

当然、授業の中身も欧米諸国などとは比べ物にならないようなウソで固められた、程度の低い内容となっていた。

中国共産党の朱色に染められてしまった早大だが、中には追放覚悟で教鞭をとる骨のある教員も少なくなかった。ほとんどの学部を中国に乗っ取られる中、本籍は上智大学文学部の教授だが、教育学部に教育思想史の授業を持っていた田崎学教授（六二）がその一人だ。もともとは福沢諭吉の思想が専門で、本人自身は慶應義塾大学の出身だ。

早大キャンパスの西の外れにある十六号館一階の教室。三十人ほどの学生を前に普段通りの授業を行っていた田崎教授に、それまでおとなしく授業を聴いていた中国人留学生が突然立ち上がり、教壇に詰め寄った。

この学生は肖文清（二二）、政経学部政治学科の三年生だ。中国東北部瀋陽の出身で、両親はともに学校の教員だ。父方の叔父には中国共産党遼寧省ナンバー2がいる。北京大学哲学科を落ち、JR高田馬場駅前の日本語学校で一年間日本語を学んだ後、総合型選抜（AO入試）で入学した。受験外国語は、母国語の中国語だった。日本語は流暢というには程遠いレベルだ。孔子学院ではアルバイトで、日本人学生に中国語会話を教えている。

裏の顔もある。むしろ、こちらが本業だ。キャンパス内の中国人留学生の監視であり、反中的言動を弄する教授らの糾弾と在京大使館への通報、身辺調査だった。

「反省しなさいよ！ すべての中国人民に謝罪しなさいよ！ ウイグルもチベットもヨンセンネン前から中国の領土だヨォ。アメリカやニッポンが人権を口実に中国の内政に干渉している。中国はいつだってテロの被害者よ。ずっとテロの脅威に直面してきたよっ。だからウイグルやチベットのテロリストを一掃したあるよ。何が悪い？ 職業訓練所（政治収容所）で正しいこと教えて、たくさんの人テロから救ったよ。発言を訂正しなさいよ！」

新疆ウイグル自治区やチベットをめぐって欧米諸国は、中国当局がテロ対策などを口実に大勢のウイグル人を収容施設に不当に拘束し、思想教育を強要しているとし、チベットも人民解放軍による人権無視の大弾圧が行われたと批判している。

田崎教授はその事実を淡々と述べただけである。田崎教授は「やれやれ」といった表情を見せた後で、こう返している。

「あなたは何をしに日本に来たんですか？ 私を吊るしあげるためですか？ 事実を学ぶためではないんですか？ ＢＢＣ（英公共放送）がウイグルの職業訓練センターに潜入し

た取材映像を見たことはありますか？　ここは学問をするところです。薄っぺらいアジ演説をする場所ではありません」

それでも、肖が食い下がると、田崎教授は一喝した後、静かにこう語った。「これ以上、授業の妨害をすると刑法二百三十四条、威力業務妨害罪の現行犯で警察を呼びますよ。意味分かりますか？　三年以下の懲役もしくは五十万円以下の罰金刑になるんですよ」。

顔を上気させた肖は「中国人民は絶対許さないよ」と、捨て台詞を吐きながら教室を出ていった。肖の背中には他の学生らの冷ややかな視線が鋭く刺さっていた。

日本には「不肖」という言葉がある。肖は文字通りの青年だった。

◆　◆　◆

カナダ東部のオンタリオ州の州都トロント市で二〇一七年、カナダ・トロント地区教育委員会（ＴＤＳＢ）を舞台に、孔子学院をめぐる大騒動が起きている。ＴＤＳＢは約二十四万五千人の生徒を抱えるカナダ最大級の教育委員会である。

騒動の発端は、トロント市に世界最大規模の孔子学院を設立するか否かである。最初に論争が勃発したのは、二〇一四年のことだ。舞台は、トロント市内から車で一時間ほどのオンタリオ湖に面したハミルトン市にあるマクマスター大学である。中国当局が選ぶ教師を登用するよう迫る孔子学院の態度に反発した大学側が、最後は孔子学院を排斥する騒ぎとなったのである。

TDSBの公聴会を再現する。ソースは、ドリス・リウ監督が制作したドキュメンタリー映画『偽りの儒教』(原題はIn the Name of Confucius) だ。

委員長「カナダ政府はケベック州に独立の賛否を問う国民投票を実施した。これと同じように、中国政府はチベットに独立の賛否を問う国民投票を認めるのか」

中国系女性「中国のチベット人は独立したいとは思っていません (爆笑)。ウソだと思うなら中国のチベットに行って、地元の人に独立したいかどうか聞いたらいい (失笑)」

リベラル系の有識者で構成されるTDSBだが、委員らの表情は明らかに「この女性は何を馬鹿なことを言っているのだ」といった蔑み、哀れみの表情を浮かべている。たたみかけるように委員長から質問が飛んだ。

委員長「ではなぜ、ダライ・ラマ14世はチベットにいないのか」

中国系女性「中国政府がダライ・ラマ14世を逃がしたからだ。国境には人民解放軍がいて、私たちが逃がさなければダライ・ラマ14世が撃たれてしまうからだ (失笑)」

もう支離滅裂である。

委員長「あなたはトロントの中国系カナダ人協会（CTCCO）の代表です。CTCCOの規約によると、カナダで中国の国益に反することが起きた場合、反対デモを組織すると書いてある。実際、孔子学院の閉鎖を妥当とする今日の会議を妨害するため、動員をかけましたよね？　デモ隊は交通費を支給されたことが分かっている」

中国系女性「そんなことは知らない。私はカナダに来てからの方が長いのよ」

答えになっていない。会場の外では、巨大な五星紅旗やカナダ国旗、チベット国旗がひしめきあい、孔子学院の賛成派と反対派がシュプレヒコールを繰り返していた。

ドキュメンタリー映画『偽りの儒教』の中で、中国専門の政治学者、クレイブ・アンスレイ氏は「孔子学院は中国共産党のイデオロギーを広める政治機関である。中共はその野蛮さをソフト路線にカムフラージュし、教育と偽って党の宣伝を広めている。孔子（Confucius）という名の下に……」と語っている。

文化大革命当時、血に飢えた毛沢東による権力闘争という本質の分からぬ紅衛兵らが知識人を軒並み殺戮し、中国国内の寺や孔子廟を破壊し、歴史的な遺産が数多く破壊された事実を、孔子学院に学ぶ学生や社会人はおそらくは知るまい。

習近平の父親、習仲勲は革命世代の幹部だった。だが、習近平が九歳だった一九六二年に毛沢東によって粛清・収監され、家族全員が陝西省の寒村に「下放」された。習近平が権力を把握する手段として利用した「反腐敗運動」は、下放時代に経験した絶対権力への復讐であり、自らがそれを手に入れるための形を変えた文化大革命だったのである。

「孔子学院」の本性は、衣の下に鎧を隠し、文化機関を装った工作機関としての「習近平学院」である。耳よりなのは、工学院大学（東京都新宿区）と兵庫医科大学（西宮市）が孔子学院を閉鎖したことだ。早稲田高等学院の孔子課堂もコロナ禍を理由に活動・支援を休止していることは先にも述べた。

中国語や中国文化を学びたいなら、台湾系の中国語学校に行けばよいだけのこと。早稲田大学、立命館大学、その他、日本全国に設置を許した諸大学よ。見て見ぬふりをしてきた国会議員の面々、日本政府、文科省よ。日本の青少年に害悪を植えつける独裁政権の手助けは百害あって一利なしだ。孔子学院をただちに閉鎖すべきである。

グッドシナリオ I

中国の干渉を撥ねのける女性首相

⑰ 囚われた日本人を奪還せよ

「責任はすべて、この私がとります。小野田さんは容疑者の身柄確保に万全を期すよう警察庁長官に指示し、北村さんは山田さんの報告をよく聞いて、昼のＮＨＫニュースに間に合うよう準備を急いでください」

暮れも押し迫る二〇三三年十二月二十一日。臨時国会閉会を三日後に控えた火曜日午前の閣議後のことだ。高市早苗首相は厳しい表情でそれだけ言うと、首相官邸五階の総理執務室にいた三人の閣僚と秘書官らに退出を促した。

山田宏外相、小野田紀美国家公安委員長、北村経夫官房長官の三人は緊張した面持ちで執務室を出た。北村長官は同じフロアの長官室に戻ったため、総理執務室に居残ったことを記者に悟られることはなかった。だが、山田外務大臣と小野田国家公安委員長は三階のエントランスホールにたむろする若い総理番の記者らに囲まれた。

「総理とお会いしていたのですか？」「総理とは何を？」

閣議後、来年度予算の閣僚折衝で財務大臣らが首相官邸に残るのはこの時期珍しいことではなかったが、遅れてエントランスに現れたのは小野田委員長と山田外相である。

無言で黒塗りの車に乗り込む二人の背中を見ながら、多くの記者が「総理には会っていないかも」「会っていたとしても、予算に絡むちょっとした話だろう」と勝手に解釈し、閣議後のドタバタからひと息つこうとしていた。このとき彼らは、小野田ら三人が首相から重大な指示を受けていたことを知る由もなかった。

新聞各紙に毎日載る「総理日誌」という「べた記事」を見れば首相が前日、誰とどのくらいの時間面談したかが分かるのだが、必ずしもすべてが掲載されているわけではない。総理の動静に関心のある向きは、今回のような取りこぼしが少なからずあることを知っていた方が良い。

そんな中、勘の鋭い産経新聞の新米記者が一人、エントランス奥にある各社の総理番のたまり場からスーッと消えた。速度の遅いエレベーターに苛立ちながら階下の記者クラブに舞い戻り、キャップに筆談でこう伝えた。真後ろには毎日新聞の記者らが座っている。

「やまだ、おのだ、総理と面会？　いま出る。今日かも」

内偵取材していたあの一件だ。中国政府のシンクタンク「中国社会科学院」の招待で訪中していた東京大学の岩田信夫教授と十代の女子学生二人の日本人計三人が、中国公安当局に身柄拘束されたことに対する日本政府の対抗措置についてである。

三人は中国からの帰国直前、突然行方不明となっていた。タクシーで北京国際空港に着いた直後に拉致、目隠しされ、容疑事実も明らかにされないまま、公安当局が管理する北京市郊外の特殊施設で監禁されていた。例の居住監視制度である。早稲田大学政経学部で国際政治を教えていた鈴木利一教授が二〇三〇年春に東京都内で拉致され、秘密裡に中国に移送された後、反スパイ法違反の罪で死刑判決を受けたアレだ。

中国では二〇一二年に刑事訴訟法が改正され、裁判所による逮捕令状がなくても当局による監視や拘束が可能となった。容疑は後からついてくるという、前近代的な時代そのもののルールで、政敵やスパイを炙《あぶ》り出す道具として中国公安当局が重宝していた。

産経新聞は、日本政府が中国への対抗措置として報復に出ることを極秘ルートでキャッチし、数日以内に拘束されている日本人の救出に動くとの情報を得ていた。「クリスマス・リキャプチャー（奪還）作戦」の発動である。

いよいよそれが今日になる可能性が高まったのだ。まさに〝Xデー〟だ。

首相官邸キャップの田中美登里（四〇）は記者クラブを出て、二階のエントランスルームの外に出ると、社会部出身の本社副編集長の伊藤愛（四三）に電話し、予定稿をさしかえて送稿すること、それを手元に置いて編集長に耳打ちしておくよう進言した。産経新聞は十年ほど前から、人員削減の一環として各部のデスク（次長）を減らすため、部間の壁を取り払って副編集長九人体制で編集局内を回していた。

田中も伊藤も裏が取れ次第、「産経ニュース」で特ダネを放つつもりだ。画面に踊る見出し。慌てて動き出す各社のドタバタぶり。田中は想像するだけで、心が躍った。どんなに給料を減らされ劣悪な職場環境になろうとも、これだから新聞記者はやめられない。

「日本政府、在京中国大使館職員約三十人 年内に追放へ」

産経ニュースが一報を流した直後の午前十一時過ぎ、定例の記者会見で北村官房長官は手元に目を落としながら、紙に書いてあることを淡々と読み上げた。

「えー、こちらから、二点ございます。一つは内閣府人事に関する発令について。もう一つは、在京中国大使館職員の国外退去処分についてでございます」

北村長官は、「日本の安全保障にとって重大な侵害を与える行為を繰り返したことが認められる」とし、在京の中国大使館職員二十五人と大阪の中国総領事館の職員三人、彼らの家族全員を外交と領事関係に関するウィーン条約第九条一の規定に従い、ペルソナ・ノン・グラータ（好ましからざる人物）であると中国政府に通告し、日本国内における即時の任務終了と年内中の召喚を求めたことを明らかにした。もちろん、職員の家族も追放する。

北村長官は同時に、「詳しいことは警視庁に聞いてほしい」と前置きした上で、中国人企業家の三人を私文書偽造と窃盗容疑で逮捕したことをさり気なく発表した。中国人外交官の国外追放と三人の逮捕は連動していた。

午後一時の会見に臨んだ警視庁副総監の森本隆（五八）は無表情のまま、三人を防衛機密を盗む目的で私文書を偽造し、窃盗を働いた容疑で逮捕したという一文を読み上げ、記者の怒声が飛び交う中、質問には一切答えず席を立った。

産経も在京の中国大使館員の追放は掴んでいたが、中国大使や大阪総領事の追放、中国人企業家の逮捕は予想外で、高市政権の「本気」をまざまざと見せつけられる思いだった。

逮捕された三人はそれぞれ、特定国立研究開発法人「産業技術総合研究所」の研究員、大手半導体メーカー上席研究員、東京科学大学でマイクロロボットを研究する准教授で、中国共産党の中央統一戦線工作部（統戦部）出身のベテラン工作員だった。

彼らは太子党を母体とする革命第三世代（紅三代）で、習近平政権の「奥の院」を知る超重要人物でもあった。それが日本に潜入していたのだ。日本の公安当局のみならず、米中央情報局（ＣＩＡ）や英国情報局秘密情報部（通称ＭＩ６）もマークしていた。

主犯格は、在京中国大使館の政務担当公使らだが、ウィーン条約では、外交官は身体の不可侵が保障され、受け入れ国の捜査当局に逮捕されたり、訴追されたりしない特権が与えられているためやむを得ず国外追放とした。

やられっ放しの日本政府だったが、高市政権は違った。高市首相は二〇二七年にも政権の座につき、憲法改正を成し遂げた。だが、体調不良を理由に退陣を余儀なくされていた。紅野太郎政権「崩壊」後のこの年、自民党総裁に復帰し第二次政権を発足させていた。

発足直後は、世論の支持率も八〇%を超えていた。「凛《りん》」とした日本を取り戻すため、命がけで二度目の総裁選に立候補し、党員・党友投票というフルスペックの総裁選で圧勝して総裁に返り咲き、首相の座についたのだった。

日本政府としては二〇一九年の第二次安倍晋三政権時代にも、即位の礼に出席するために来日していた中国の王岐山国家副主席に安倍首相が直談判し、拘束されていた北海道大学の教授を取り戻したことがあった。

だが、安倍首相亡き後、外国人取り締まりのために強化された反スパイ法など中国国内法の濫用で、中国に敵対的だったり、国内の民主運動家と連絡を取り合ったりしているという理由で拘束されるケースが後を絶たなかった。

使用を目的とした紙幣の偽造や放火などの重罪を犯した罪で、海外にいる中国人が中国国内法で裁かれることはある。法律の実効性を担保するための例外規定として、それは日本においても同様だ。だが、日本など中国以外の海外にいる日本人に対し、政治的理由で中国の国内法を適用し身柄を拘束することは、自国民以外の外国人には国内法が適用されないという国際慣習法に明らかに違反していた。

紅野太郎政権が発足した三年前の二〇三〇年以降、中国当局に拘束、というより容疑が明らかにされないまま拉致された日本人は三十人近くに上っていた。長年、日中友好に尽力してきた社民党系の民間人や親中派を自任する自民党の閣僚経験者も含まれていた。

彼らがいったい、どういう罪をおかしたというのか。媚中、親中ぶりは目に余るものがあったが、それでも日本国民である。咎《とが》なくして囚《とら》われの身となった彼らを何としてでも自国に取り戻したい。中国との関係悪化を危惧するチャイナ・スクールを中心とした外務省が国外追放に反対するのを高市首相が一喝、国外追放と逮捕に踏み切ったのだった。

その判断は、「捕虜の交換」という軍事作戦と軌を一にしていた。大東亜戦争以後、およそこうした発想からは埒外となっていた日本が、主権国家として当然の取引に出たのである。ごく普通の国に戻っただけであった。

中国政府の反応は常軌を逸するものだった。「これでもか」というばかりに下品な言葉の限りを尽くした日本と日本人への恫喝はやがて、中距離弾道ミサイル五発を日本の領海内へ着弾させるまでにエスカレートした。形骸化していたとはいえ、腐っても同盟関係にある米国が即座に反応し、神奈川県・横須賀港を母港とする空母打撃軍を東シナ海に派遣し、中国人民解放軍を牽制した。

北京市内にある共産党中枢部で、主要な建物や首脳らの居住エリアとなっている中南海を顔パスだった中国工作員三人の逮捕。それに連動した外交官三十人（とその家族）の国外追放からひと月たった後の一月下旬。中国人民が旅行気分で浮かれる春節前にもかかわらず、軍事的脅威を高めていた中国政府に対し、国際世論と日本国民の支持を背景にした高市政権の強気の姿勢と水面下の外交工作が奏功した。

中国外務省が報道官の会見で、逮捕、起訴された中国人（工作員）三人と引き換えに、拘束中の岩田教授と女子学生二人の計三人を釈放すると発表したのだ。

十代の女子学生まで拉致する強引なやり方は、大学一年生と中学一年生という違いはあるが、中学生だった横田めぐみさんを拉致した北朝鮮の親分格だけのことはあった。北朝鮮の金正日総書記は二〇〇二年九月十七日の小泉純一郎首相との日朝首脳会談で拉致を認め、言葉だけの謝罪はしている。中国政府は一歩進めて三人の釈放を決断したのは、日本で起訴された三人を何としてでも中国に取り戻す必要があったためだ。習近平の厳命だった。三人のうち一人は、海外における蓄財に関する情報を詳しく知る立場にあったとされる。

まだ多くの日本人が拘束されたままだが、岩田教授と女子学生の日本人三人は無事、帰国した。にもかかわらず、中国との関係悪化を懸念して日本政府の対応を批判していたのが、立憲共産党の何春栄議員だった。この女性議員は日本に帰化後、東京都知事選にも出馬したことがあり、相手を追いつめる国会質問の様子から、〝政界のカミツキガメ〟の異名をとっていた。

出身地を隠す国会議員が少なくない中、本名を名乗っている点だけは有権者に正直であり、評価するところである。

二〇三四年二月初めの衆院予算委員会で、高市首相はキンキンと甲高い声で質問に立った何春栄に対し、物腰の柔らかい声でこう、切り返した。

「あなたはいったい、どこの国の国会議員なんですか」

◆　◆　◆

高市首相が見せた宰相としての政治手腕は、国際社会では常識の範囲内なのである。それが鮮やかに見えたのは、それまでの日本外交に問題があったからだった。

二〇一六年十一月の米大統領選にロシア政府が介入したという情報機関の報告を受けた米国務省は翌月の二十九日、ロシア外交官三十五人と家族に国外退去を命じた。

ロシア政府の大統領報道官は、米国にとって「かなり不都合な」対抗措置をとる意向を表明した。追放したからといって別段、米露が戦争になるわけでもなかった。

米国務省は、ワシントンの大使館とサンフランシスコの総領事館で勤務するロシア人外交官三十五人と家族をペルソナ・ノン・グラータに指定し、七十二時間以内に米国を退去するよう命じている。七十二時間である。高市政権の対応より厳しい。

加えて、ロシアの軍参謀本部情報総局（GRU）や連邦保安局（FSB）を含む九機関・個人への制裁措置を発表した。また、ロシア情報機関が使用するニューヨークとメリーランド両州の施設を閉鎖すると発表した。

二〇一三年九月十日、シリアに関する演説でオバマ大統領が「米国は世界の警察官ではなくなった」と、誰もが知っていて、殊更言わなくても良いことを言って世界に混乱を招いたことは記憶に新しい。この後、中国は、侵入機は撃墜するとした国際法にも悖《もと》る「防空識別圏」を設定し、翌年二月にはロシアのクリミア（ウクライナ領）侵攻を招いた。

そんな弱腰批判の強かったオバマ政権ですら、これらの措置に出ていたのである。ロシア当局が米民主党本部やヒラリー・クリントン氏の選挙対策本部をハッキングして選挙に介入していたのだから、当然の措置であろう。

日本も中国に対し、ペルソナ・ノン・グラータを発動する機会は何度もあったが、いずれも見送られた。否、見送るどころか、検討すらされなかった。

最近では、二〇二四年五月に呉江浩駐日中国大使のケースがそれだ。台湾問題で日本が中国分断に加担すれば「日本の民衆が〝火の中〟に連れ込まれることになる」と発言したにもかかわらず、外務省の課長が電話でカウンターパートに抗議しただけだった。

世論の批判を受けた外務省はその後、外務事務次官が大使に抗議したことを明らかにしたが、「時すでに遅し」である。丹羽宇一郎、垂秀夫の二人の駐中国大使がやられたように、最低でも、日本側の不快感を伝えるため、深夜に呉大使を外務省に呼び出し、厳重に抗議しているところを日本のメディアに取材させるべきであった。もちろん、国外追放するのが日本外交の最適解であったことは論をまたない。

二〇二二年八月二日のナンシー・ペロシ―米下院議長の台湾訪問に抗議した中国が台湾のみならず、日本の排他的経済水域（EEZ）にまで史上初めて弾道ミサイルを撃ち込んできたのに、森健良事務次官は中国の孔鉉佑《こう・げんゆう》駐日大使に電話で抗議しただけだった。これでは、中国に舐められるのも当然だ。どれだけ多くの日本人が悔しい思いをしたのか、外務省幹部は想像したことがあるのか。といっても、最終的に対中姿勢を判断するのは首相官邸であり、外務省だけを批判するのは公平を欠く。

政治の責任として、岸田文雄首相は日本人に謝罪すべきである。あなたはいったい、何がやりたいのか。首相就任前、「首相になったら人事をやりたい」と言っていたそうだが、本当にそれだけか。

国家には威厳というものがあり、首相を頂点とする政府には日本国民の命と財産を守る義務がある。見て見ぬ振りは許されない。それを忘れて首相の椅子にしがみつくだけなら、やっていることは日本人を拉致した中国政府と同罪である。

「私には夢がある」と語った公民権運動の指導者で米国人のマーチン・ルーサー・キング牧師は言った。

「最大の悲劇は、悪人の暴力ではなく、善人の沈黙である。沈黙は、暴力の陰に隠れた同罪者である」

政治家として言うべきことを言わず、すべきことをしないのは、日本という国に対する冒涜であり、先人や今を生きる日本人に対する裏切りである。為政者はそれを肝に銘じなければならない。

⑱ 闇警察を一掃せよ

東京・新橋の警視庁愛宕警察署裏にある駐車場。暗闇に霧雨が煙る中、黒塗りの乗用車数台が息を潜めて止まっていた。

表通りとは反対側の愛宕署の通用口を抜けた三階建て建物に、警視庁公安部が密かに設置した「外国人組織犯罪取締本部」があった。桜田門の警視庁本部にいる公安部員でも知る人のほとんどいなかった裏の取締本部であった。

二〇三四年七月八日未明、日を跨いで仏滅から大安に変わっていた。

少し離れた通りに停車していた個人タクシー車内から、黒塗りの乗用車を凝視していた産経新聞カメラマンの小野良子（二七）。端にいた車がスーッと動き出したのを皮切りに、また一台、また一台と動き出したのを見逃さなかった。

産経新聞に途中入社した小野は日大芸術学部を卒業後、ブラブラしていたところを神田の居酒屋で偶然知り合った産経のカメラマンに誘われ、二年前から見習いをやっていた。

「いいか、バレるんじゃないぞ。バレずにどこまでも食らいついていくんだ」

会社を出る前、四十代の男性デスク（副編集長）から何度も釘を刺されていた。黒塗りのハイヤーではなく、個人タクシーを使ったのもそのためだ。提灯の形をした電灯を頭上に乗せた「ちょうちん」の愛称で知られる覆面ハイヤーである。何しろ、尾行する相手はプロの公安捜査官である。慎重の上にも慎重に動かねばならなかった。

ただ、こちらもプロの運転手である。個人タクシーの運転手、馬場和夫（六〇）は産経新聞社の専属ドライバーとしてこの道一筋、三十年。二〇一一年三月十一日の東日本大震災では、取材カメラマンを乗せて山形県ルートで岩手県や宮城県に入り、何度も日帰りで往復したことのある歴戦の兵だ。

小野のタクシーとは反対側の車線に、同じく産経本社から派遣された同僚の個人タクシーが止まっていた。こちらは頭上にカタツムリの形の電灯を乗せた「でんでんむし」と呼ばれる覆面ハイヤーだった。車内には社会部遊軍の中堅記者が乗っていた。

ワイヤレスのイヤホンを左耳につけた小野は、駐車場を後にする車に目をやりながら声を潜めて本社デスクに連絡を入れた。

「動き出しました。後を追います」

「まかれるなよ」

指示を出す方はいつも勝手だ。プロの捜査車両を尾行する身にもなってほしい。それがどれだけ危険で困難を伴うことか。そんな思いも瞬時に掻き消え、二台で車列をつくったグループを追いかけた。

一台は虎ノ門ヒルズを越えて溜池の交差点を右折、霞が関から首都高速5号線の下り線に乗ろうとした。小野たちの尾行をかわすための陽動作戦だった。事前の情報だと、ターゲットは防衛省近くの市ヶ谷周辺に潜んでいる。下を通っていくはずとみた小野は、後ろからドライバーの左の耳元に、首都高に入らなかった二台目の車を追うよう指示した。

馬場は「了解、スピード出るからつかまってろぃ」と言うや否や、右足でアクセルを思い切り踏み込んだ。小野のような小童《こわっぱ》に言われなくたって、あんたより数倍も場数を踏んでいる。馬場は三代続く気の短い江戸っ子である。「まかしておけって」。口には出さなかったが、新聞社の専属ドライバーである。馬場にも期するものがあった。

首都高に乗った捜査車両を追尾した「でんでん虫」は、車間距離を取り過ぎたのが仇となって見失うという失態を演じた。別の警察署から出動した車を尾行した同僚も次々に捜査車両を見失った。食らいついていたのは、小野だけとなった。

雨足が一段と強くなった午前五時過ぎ。都内をぐるぐる回って落ち着いた先は、神田署と目と鼻の先のＪＲ御茶ノ水駅界隈だった。公安部の捜査員が降りて改札に入る。小野も慌ててスマホをかざし、一つ隣りのドアから総武線の荻窪行き下り車両に乗り込んだ。

傘を車に置いたまま、ずぶ濡れとなった小野。ほどなくしてJR市ヶ谷駅を降りた捜査員を追尾したところで、ジ・エンド。防衛省裏の閑静な住宅街を傘を差して歩いていた捜査員が突然振り返って小野を睨みつけた。

「邪魔するな。今すぐ、そのカメラをしまえ」

バレた。しかし、こちらもプロである。遊びでこんなことをするか。引き下がるわけにはいかないというカメラマンのプロ根性から、咄嗟に取引を持ち掛けた。

「身柄を確保するまで、カメラはこのカバンから出しません。その代わり、捕まえたのを確認したら、お願いします。撮らせてください」

髪は濡れて化粧は落ち、女性であることをかなぐり捨てたような小野の姿に根負けした稲盛悠警部補（四五）。小野がカメラをしまうのを見届けると、黙ったまま立ち去り、同僚の捜査員らとともに配置についた。

午前七時過ぎ、何も知らない張義亮（四七）は、いつものように身支度を整え、東京・秋葉原の〝警察署〟に出勤するところだった。

張はスペインの人権NGO団体が指摘した、中国が海外に設置した「海外110番」という名称の非公式警察（闇警察）のトップだった。

タワーマンションから出て、足早に迎えのレクサスに乗り込もうとしたところを稲盛らが取り囲んだ。

「張義亮だな。刑法第二二〇条、逮捕・監禁容疑で裁判所から逮捕状が出ている。同行願いたい」

スクープだった。張がタワマンから出てきた直後、動画の撮影を始めていた小野。縁石に足をとられながらも、逮捕の瞬間を押さえることに成功した。

産経新聞朝刊一面には、「中国〝闇警察〟きょう一斉捜査　数人逮捕へ」の大見出しが躍っていた。二〇二九年にタブロイド紙となった産経新聞だが、部数の大小ではない。ジャーナリズムの矜持を見ろと言わんばかりに乾坤一擲、結果を残したのだった。

前夜に事前通告した際、報道に待ったをかける警視庁首脳を説き伏せた編集幹部の頑張りもあった。だが、何よりも小野のような中堅・若手記者の地を這うような頑張りが奏功した。実際にスクープ撮を成功させたのは小野だったが、尾行をまかれた記者らは運がなかっただけである。彼らと一緒に結実させた「チーム産経」のスクープだった。

前年の二〇三三年十二月下旬、在京の中国大使ら外交官とその家族をペルソナ・ノン・グラータとして国外追放した第二次高市早苗政権。警視庁はその関連で、防衛機密を盗みだした中国共産党の中央統一戦線工作部（統戦部）出身の研究者を偽装した工作員三人を逮捕・起訴していた。こうした動きは高市政権による対中政策見直しの一環で、対中包囲網を強化する米国やAUKUS（豪州、英国、米国）、QUAD（日、米、豪、印）と歩調を合わせたものだった。

二〇三〇年、自民党の紅野太郎政権が日中刑事公安共助条約を結び、闇警察が日本政府公認の公然組織となっていた。

闇警察は非合法の組織で、海外の同胞を監視し、民主活動家との接触や反国家的な動きをした者を不当に逮捕、監禁する組織である。外交関係のある国の主権を著しく侵害する国際法違反の行為として、各国が警戒していた。米英両国をはじめ、オランダなど十数か国で摘発が進められ、中国の浸透工作が満天下にさらされ始めていた。

◆

◆

◆

一連の話は、実話を参考にしたフィクションだ。半世紀前の一九七四（昭和四十九）年八月三十日に起きた「三菱重工爆破事件」が舞台だ。捜査員が情報収集し、犯人逮捕に向け、車内で待機していたのがまさに愛宕署の裏捜査本部だった。

犯人逮捕に執念を燃やす警察当局とそれを取材する産経新聞の攻防を描いた『狼の牙を

折れ』（小学館、門田隆将著）を舞台回しに、闇警察への強制捜査のほんの一端を描いてみた。

さて、中国の闇警察だが、日本を含めた世界五十カ国以上に「非公式警察署（闇警察）」の拠点を設置していたことが明らかになった。二〇二二年九月のことだ。

スペインの人権NGO（非政府組織）「セーフガード・ディフェンダーズ（S・D）」が報告書を公表して判明した。

日本には東京・秋葉原にあるとされたが、その後、名古屋市内の繁華街・栄地区に位置する久屋大通公園に面する雑居ビル内に存在していたことが判明した。米首都ワシントンにある保守系シンクタンク「ジェームズタウン財団」が、二〇一九年一月五日付電子版で公表した報告書で指摘していた。ホテルを装った秋葉原の闇警察は、二〇二三年五月に詐欺容疑で警視庁に家宅捜索され、中国人女性二人が書類送検された。このうち一人は、菅義偉元首相に近い自民党参議院議員の「外交秘書」を務めていた。

S・D報告書によると、非公式警察署は海外に住む反体制的人物の追跡や、強制帰国にも関与しており、対外的な世論工作を担う中国共産党の「中央統一戦線工作部（統戦部）」とも関連しているという。事実なら、中国は各国の主権や法制度を無視し、無断で治安・警察活動をしていたことになる。

そんな組織が、福岡県にも存在していた。中国共産党の地方組織の公然情報で明らかになった。何と中国当局が内外向けに堂々と発信していた。

二〇二二年五月十五日付の中国共産党江蘇省委員会新聞（電子版）は、「南通市、警察と海外華僑の共同勤務のための十の措置を導入」との見出しで、国内外の南通市公安警察と海外在住の中国人である華僑の連携サービスを改善するとあった。

南通市は、上海市に隣接する人口約七百七十万人の巨大都市だ。この記事が意味するのは江蘇省の中核都市である南通市の党委員会が、北京市の党中央とは別に、福岡県内に闇警察を設置していた事実だ。

秋葉原の闇警察は、福建省の公安施設とされる。中国が地方組織に分担させる形で、日本各地に非公式警察の網をかけようとしている疑いすらある。連携サービスについて記事は、学校やビジネス、車両管理、各種証明書の取り扱いなどを行うと説明していた。

見過ごせないのは、「暴力犯罪、サイバー犯罪などと戦うための公安機関の役割を果たす。海外での法執行、警察連絡官やビザ審査官による調査」を行うとしている点だ。

また、「南通市の非公式警察署が二〇一六年二月に設立されて以来、百二十件以上の事件処理に参加し、帰国を説得された八十人以上の犯罪容疑者を逮捕し、千五百件以上の警告を発した」と成果を誇示している。

他国の許可を得ずに警察活動を行うことは主権の侵害に当たるのは言うまでもない。オランダとアイルランド、英国政府は、非公式警察署の閉鎖を命じ、クリストファー・レイFBI（米連邦捜査局）長官は連邦上院議会での証言で、米国内の非公式警察署の存在を把握していることを認め、「言語道断だ」と述べた。二〇二三年四月にはFBIがニューヨークの中国系米国人を逮捕している。

闇警察は、中国に残した家族の安否を材料に監視対象者を恫喝する手口を使う。オランダに亡命した中国人民主活動家、王靖渝さんが産経新聞に実態を語っている（二〇二二年十一月二十七日付、産経新聞電子版）。

恐ろしいのは、監視や違法な捜査対象が、中国人以外の反中的な言論人などにも拡大される恐れがあることだ。当時、闇警察は五十三カ国計百二カ所に及んでいた。

林芳正外相は二〇二二年十一月二十九日の記者会見で、「仮にわが国の主権を侵害するような活動が行われているということであれば断じて認められない」と述べたが、歴代の自民党政権は放置したままだった。

西日本に拠点を置く闇警察の共同代表だった崔紀信（仮名）に電話で話を聞いたことがある。二〇二三年四月のことだ。解雇された同僚が、何やら怪しげな活動に手を染めており、自分は関係ないと証言した。「怪しげな」というのは、一緒に仕事をしていて、在日中国人を共産党へ入党させるためのリクルートや彼らの言動の監視をしている素振りが見られたから怪しいなと思ったのだという。

地元の名士だから本名は明かせないという崔は、訛りは強いが流暢な日本語で「日本人は脇が甘くお人よし過ぎる。不当な活動は止めさせなければいけない」と語った。

闇警察に関わった人物に諭されてどうするのだ、この国は。盗人に空き巣に気をつけろと説教されるようなものである。

捜査当局は犯罪事実がなければ動けない。場合によっては、犯罪事実があっても時の政権が捜査に介入し、止めに入ることもある。政治家相手の疑獄事件等がそうである。

中国相手だと外交問題に発展し、核やミサイルで恫喝されるのは必至だから、なおさら二の足を踏んでしまうのか。政治の強い意思が問われている。

⑲ 土地取得禁止法を制定へ

「自国民保護は、わが国政府に課せられた最も重い責任の一つである。われわれは人民解放軍の派遣を排除しない強い覚悟を持っている」

中国の高傑外務報道官は二〇三六（令和十八）年九月三十日の会見で、自国メディアによる〝やらせ〟質問にこう答えた。日本の捜査当局による強制捜査を受けての発言だ。

警視庁公安部と北海道警の合同捜査本部は前日の二十九日早朝、北海道千歳市の中国人向け高級住宅街に住む中国籍の林強軍（四五）ら男女十三人を電波法違反（秘密の保護）の疑いで逮捕した。関連施設十数か所の家宅捜索を行い、衛星回線用の通信機器のほか、自動小銃と手榴弾など火器数百点を押収した。容疑事実に銃刀法違反の罪（不法所持）を追加した。

調べによると、林容疑者ら十三人は二〇三四年八月十三日から十七日にかけ、傍受した通信記録を日本の防衛、治安状況を探る目的で北京の中国人民解放軍に送信した疑いが持たれている。

容疑者らは表向き、北海道の物産品を中国に輸出し、中国から中国人向け調味料などを輸入する貿易会社などの社員を装っていたが、実際は現役の人民解放軍の兵士らで、近くの新千歳空港における航空自衛隊の通信傍受を行い、それを逐一、人民解放軍陸軍本部に送信していた疑いが持たれている。

ふだんは善良なビジネスマンを装い、実際には北日本エリアの自衛隊や警察の動向を探るのが目的だ。日本の安全保障上、重大な懸念を生じさせるものである。新千歳空港には空自の基地があり、首相や天皇皇后両陛下が使用する政府専用機が常駐していた。

だが、もっと深刻なのは、千歳市内の中国人向け高級住宅街を北海道侵略の拠点とし、順次、人民解放軍の将兵を入植させるという隠されたミッション（任務）の存在だった。実際、林容疑者らが住んでいた高級住宅街、このときすでに中国人の租界となり、事実上の治外法権エリア化していたのだった。

住宅街を整備したのは、札幌市内に本店を置く家具やインテリア用品小売りの大手「ミトリ」の関連会社だ。ミトリは、コロナ禍前の二〇一八（平成三十）年、東京ドーム十個分に相当する約八十万平方メートルの敷地に、木造二階建ての建物約二千棟を建設し、中国人の富裕層を中心に約二千人が住めるよう整備していた。

「われわれ日本人の先祖は中国人だと思います。中国人は頭が良いので世界中どこにいっても成功する。中国が成功すれば、同じＤＮＡの日本人も成功する。だから私は中国の大ファンです」

中国メディアの美人キャスターのインタビューに相好を崩してこう、話すのは、ミトリの社長、美鳥昭雄その人だった。何度も訪中し、中国でも活発に事業展開しているが、中国共産党の統戦部との深い関係を周辺に自慢するなどしており、「お値段以上」に警戒が必要な要注意人物として、警視庁公安部と北海道警が人脈と金脈の両面から実態の解明を急いでいた。

強制捜査に踏み切った警視庁と道警の捜査本部は、林容疑者らの犯行を裏付けるため、ミトリの美鳥社長に参考人聴取を求め関係先を家宅捜索した。

一方、日本の世論は一連の事件捜査に対する中国外務省の恫喝に猛反発し、東京・麻布の中国大使館に超党派で抗議デモを展開した。米ホワイトハウスも重大な懸念を表明、海上自衛隊のイージス艦隊と潜水艦部隊と連携し、空母打撃軍を主軸とする太平洋艦隊を黄海付近に展開させた。

事態を重くみた日本政府は、高市早苗政権の指示を受けた北村経夫官房長官が会見で、たとえ丸腰であっても、人民解放軍の入国は断じて認められないこと、中国の恫喝に屈さないこと、中国人による租界化を招いた土地所有のあり方を可及的速やかに抜本的に見直す考えを表明した。

高市政権が早速見直しに入ったのが、二〇二二（令和四）年九月に施行された土地利用規制法の抜本的な改正だ。

二〇三四年の師走には、京都市内で中国系不動産会社が京町屋の一角に「日本人立ち入り禁止」区域をつくって物議を醸した。原子力発電所や自衛隊基地とは関係ないこのエリアに土地利用規制の網は被せられず、中国資本のやりたい放題となっていた。これと同じことが千歳市の中国人向け高級住宅地で起きていたのである。新千歳空港という空自の基地から一キロ圏外にあったため、注視区域にも特別注視区域にも指定できないまま、放置されていたのである。

このままでは、山間部も都市部も、日本中の土地が中国資本に買い漁られてしまう――。中国を大家とする日本「総店子」状態である。

野党勢力の中には、「どんなに買いたたかれようと、買収された土地は日本の法律のコントロール下にあり、安全保障上の懸念はない」と主張する向きもあるが、中国の本性を知らなすぎる戯言に過ぎない。中国国内法の域外適用を屁とも思わないのが中国共産党政権なのである。国防動員法や国家安全法、反スパイ法などで海外の中国人だけでなく、外国人にもその網を被せてきたのは、当の中国政府だったのである。

「国際基準に従いまして、安全保障上等の懸念がある土地については、政府の管理下に置いてその所有を禁止する法律の整備を急ぎたい」

北村長官は会見でこう語った。土地利用規制法の施行から十四年。当たり前の法律がようやく、一歩前に踏み出した。

◆
◆
◆

今の日本人は外国資本による土地買収に対し、あまりに鈍感である。何しろ北海道を中心に中国系資本が日本の土地や建物、森林など水源地を経済活動の一環として合法的ではあるが、好き放題に買い漁っているにもかかわらず、それに無頓着過ぎるからだ。

中国系資本が関与した疑いのある安全保障上の重要な土地の買収件数が、判明しているだけでも全国で八十カ所に上ることが、政府関係機関による調査で分かっている（二〇二〇年十一月八日付産経新聞）。再生可能エネルギー発電事業者として中国系資本が何らかの形で買収に関与したとみられる土地が全国約千七百カ所に上ることも判明している。北海道ではすでに東京ドーム一千個分超が中国系資本に買収されているとの報道もある。

中国共産党政権は、自国企業を使って投資や人材派遣という合法的な経済活動を装って大量移民することで、静かに日本侵略の橋頭保づくりを狙っているようにも見える。毛沢東の「砂をまく戦略」を想起するからだ。人民という砂を周辺にまき、徐々に領土を広げていく考え方だ。

実際、日本で一番多い外国人は中国人だ。二〇一六年まで六〇万人台だったが、十九年には八〇万人を突破している。次に多いのが在日韓国人（四十四万人）だから、在日外国人の中に占める中国人の割合がいかに高いかが分かる。

中国人の場合、海外にいても党の指導下に入って命令に従わなければならぬという国防動員法が二〇一〇（平成二十二）年七月一日に施行されている。

北京がひとたび、「国家の危機である」と非常事態を宣言し、「党と国に尽くせ」などと指令を発するや否や、日本在住の中国人らは自国防衛のために動かねばならない。

日本にいる中国人のみながみな、そうだとは言わないが、身分を隠した工作員が日本国内で暗躍し、北京の指令を忠実に実行するよう、善良な在日中国人らに破壊活動やスパイ活動を強制してくるかもしれないのだ。中国移民の脅威論を過度に煽ってヘイトクライム（人種差別に根ざした犯罪）を招くのは、あってはならないことだ。一方で、考えられ得る危機から目をそらすことは、将来への責任放棄である。

実際、東日本大震災が起きた二〇一一年三月には、避難で東北各地から集まってきた中国人らに新潟市が善意で提供した市立体育館を事実上占拠されるという事態が起きた。治外法権エリアの登場だ。ある地方議員が確認のため館内に入ろうとした際、「許諾権限は中国にある」と拒否された。

結局、「見たものを一切口外しない」との誓約書を書かされ、三メートルだけ館内への立ち入りが許されたという。当時、新潟の中国総領事は東北地方に住む中国人を市内三か所の体育館に集め、中国本土にピストン輸送したが、その数一万人に上ったとされる。

こうした中、政府がようやく重い腰を上げ、成立させたのが、外国資本による安全保障上重要な土地買収をめぐる二〇二一年に成立した土地利用規制法だ。

正式名称は、「重要施設周辺及び国境離島等における土地等の利用状況の調査及び利用の規制等に関する法律（土地利用調査・規制法案）」だ。

内容は、調査を強化する「注視区域」の対象として自衛隊や米軍施設のほか、政令で定める重要施設として発電所、ガス、貯水、通信、鉄道、放送局、空港などとした。

周辺のおおむね一キロ以内で、施設の機能に支障をきたしかねない行為での使用を防ぐため、「必要な土地を番地などで個別に告示する」とし、領海の範囲を定める基準となる「基線」を有する離島なども個別に告示した。

国はこれらの土地所有者や利用実態について、不動産登記や住民基本台帳などの行政データや所有者の報告などをもとに調査する。防衛施設に対し、妨害電波を出すなどの不適切な利用が確認されれば、土地の利用中止を勧告、命令を出すことができる。命令違反者には懲役二年以下か罰金二百万円以下に処す罰則規定を盛り込んでいる。

指揮統制機能を持つ防衛施設など特に重要性の高い施設周辺の土地や国境離島は「特別注視区域」とし、新たに土地を売買する場合は、売り手と買い手の双方に事前届け出を義務付けている。不届けや虚偽申告などの違反には懲役六カ月以下か罰金百万円以下の処罰を科す。国の調査に対する虚偽報告などの違反には罰金三十万円以下とした。

ただ、この法律だけでは、まだまだ安全保障上の懸念は消えない。

まず引っかかるのが、法律の趣旨を体現した法案の名前である。「土地利用調査・規制法案」という名の通り、法律が規制の網をかけるのが土地の利用実態に止まる点だ。利用ではなく、所有に規制をかけなければならないのに。

理由は、盗聴や妨害電波の発信など、不適切な利用をしていても発覚しなければ居座りを続けることが可能だからだ。

ではなぜ、「所有」ではなく「利用」に止めたのか。財産権を規定した憲法上の制約や世界貿易機関（WTO）の一部であるGATS（サービスの貿易に関する一般協定）の制約があるためだ。GATSはサービス貿易の障害となる政府規制を対象とした初めての多国間協定だ。いうなれば、貿易の自由化を進めましょうという協定だ。

村山富市首相を首班とする自民、社会、さきがけの自社さ政権下の一九九四（平成六年）に締結された。

この中に、外国人による土地取引に関する国際約束が盛り込まれ、最恵国待遇と内国民待遇を与える規定が明記された。最恵国待遇は、内国民待遇とともに、外国において差別を受けることなく公正な貿易や商取引などを保障するための役割を果たしている。

だが、米国など欧州諸国が、安全保障に関わる外資による土地取引について例外規定として留保をつけたのに対し、日本は外資による国内投資を促す狙いから留保をつけないまま条約を締結してしまった。

つまり、ほとんどの国が「外国人は条件付きでのみ、土地取引ができる」という内容でGATSに署名しているのに対し、日本だけが「外国人は無条件で土地取引できる」との内容で署名してしまったのだ。この結果、何らかのサービス提供を目的とした外国人による土地取引に関し、国籍を理由とした安保上の規制を課すことが認められない事態となってしまったのだ。

例えば、米国では軍事基地・施設の周辺エリアについての土地買収、利用を米国人、外国人問わずに厳しく制限している。二〇二二年には外国投資リスク審査現代法の審査対象に不動産投資が追加されている。

外国投資リスク審査現代化法では、軍事施設やハブ空港などの周辺エリアに投資したい外国人に対し、個人情報や外国政府の関与などを記載した書類の事前提出を義務付けた。それを「対米外国投資委員会」が、そのリスクを評価し、問題がある場合には大統領の指示で取引を停止させることができる。

それに比べ、外国人なら利用の制限こそあるが、だれでも日本の土地を買える現状が、いかに安全保障上、危うい制度なのかお分かりだろうか。

はっきり言って、自社さ政権、とりわけ外務省、財務省の大チョンボである。今からでも遅くはない。当時の日本政府とそれ以降の自民党政権、それを問題視せずに放置していた野党の怠慢と失政による誤ちを認め、超党派で見直すべきだ。

条件をつけずにGATSに署名してしまった日本だが、外国人のみを対象とした措置でない場合は制約はかからない。つまり、政府が指定する地域は、外国人だけではなく日本人も等しく所有してはダメですよーとすれば、網を広く被せることができるのである。国籍差別をしなければGATSの規定違反にならないからだ。

ただ、そうだとしても、注視区域の範囲は見直さねばならない。農地や森林、幹線道路周辺や市街地の土地、建物なども含めなければ、ザル法になる。中国系資本の標的は多岐にわたるからだ。

対象エリアを周辺の「おおむね一キロ」という範囲も狭すぎる。防衛施設や空港など、広い土地を使用する施設からみて一キロという範囲はほとんど施設内も同然である。数字で縛らず、法の運用面で柔軟に適用できるよう、フリーハンドを残す形で改正すべきだ。情けないのは、内閣府が防衛施設など安全保障に直結する特別注視区域を詳細に発表し、公表しなければ秘匿できた弾薬補給所や貯油施設を明らかにしていることである。工作員にとっては棚からボタ餅である。すぐに見直すべきだ。

これとは別に、日本には外資の土地取引規制の手段として、大正時代に制定された外国人土地法がある。

大正十四（一九二五）年に制定され、翌年十一月十日に施行された。国防上重要な地域における外国人による土地の取得に関して、陸軍大臣、海軍大臣の許可を得ることを義務づけていた。だが、終戦により帝国陸海軍がなくなり、実効性を高める政令が制定されないまま、太平洋戦争終戦後の昭和二〇年十月、「司法省関係許可認可等戦時特例等廃止ノ件」（勅令第五九八号）によって廃止されてしまった。戦争をはさみ、時代にそぐわないため、廃止されたのは仕方ないことだろう。

ところが、この法律を補うかのような法律が戦後の一時期、存在していたのである。「外国人の財産取得に関する政令五十一号」(昭和二十四年三月十五日)だ。

外国人や外国資本による財産取得に制限をかけることができる内容だ。天皇陛下の名の下に公布された勅令である。時の首相は吉田茂だ。GHQ(連合国軍最高司令官総司令部)の占領下で、日本の国土と領土を戦勝国から守ろうとした政府の行政命令である。

政令は第一条で、諸外国との健全な経済関係の回復を促進するとともに、国民経済の復興および自立を図り、あわせて国家資源を保全するため、外国人の投資および事業活動を調整することを目的としている。

第三条で、外国人が財産を取得するときは、主務大臣の認可を受けなければならないとされていた。ここでいう財産とは、土地、建物、工場、事業所、財産の賃借権、使用貸借に基づく借主の権利、地上権、著作権なども対象となっている。

だが、この政令、国会できちんと審議されないまま昭和五十四年に廃止されてしまったのである。

昭和二十四年に政令制定後、二十七年二月のサンフランシスコ講和条約の締結直前に改正し、五十四年に廃止した。三年後に政令を改正したのは、講話条約第十二条の「条約締結国と中立国の国民に内国民待遇を与えるために、外国人を指定して政令の適用を除外する」との規定を守るためだった。

ただ、注目すべきは、講和条約第十二条は同時に、相互主義もうたっていた点である。連合国が内国民待遇または最恵国待遇を日本国に与える場合に限り、連合国に内国民待遇または最恵国待遇を与える義務を負うとしているのだ。

裏を返せば、相手国が日本の国民に対して制限をつけている場合、日本でその国民に対して制限を課しても良いということである。例えば、中国のような共産主義国家の場合、日本人は中国の土地を取得できない。つまり、中国が土地取得で日本人等に対して外資規制を行う以上、相互主義に基づいて日本も中国企業や中国人に対し、土地の売買規制をかけても条約の精神には反しないといえるのだ。

しかし、残念なことに、昭和五十四年十二月に改正された外国為替及び外国貿易管理法（改正外為法）の附則第二条により、この政令は廃止されてしまった。国会でろくに審議もなされないままに廃止された。なぜ政令を廃止してしまったのか、真相は藪の中だ。かつて、自民党の長尾たかし元衆院議員が関係省庁に照会したことがあるが、議事録は出てこなかったという。

当時は自民党の大平正芳政権である。外資による日本国内への巨額の投資は、イノベーション（技術革新）を生み出す技術やノウハウをもたらし、地域の活性化、雇用機会の創出につながると歓迎しており、政令はそれを妨害するものとして葬り去ったのではないか。

ただ導入すればよいと熱病のように外資に頼ってきた日本の経済政策は、土地の爆買いという「静かなる侵略」の前に完全に破綻をきたしている。

中には一文の得にもならない土地を騙されて購入する、いわゆる「原野商法」にひっかかる中国人もいるというが、そういう人ばかりではあるまい。

国家の意思を持って計画的、組織的に日本の土地を購入している勢力も否定できないのである。だからこそ欧米諸国では土地所有の制限が制度化されているのである。

また、買う人がいるということは、売る人がいるということである。日本人の買い手がいないため、仕方なく、というより、喜んで相場の何十倍もする額で森林や老舗旅館などを売る人々がいることを忘れてはならない。

日本は資本主義国家であり、市場経済に支えられている。もちろん、売るのが悪いと言っているわけではない。こうした人々の売買を委縮させない範囲内で、安全保障上の懸念を払拭する制度の構築を今こそ、国会で議論していくべきだと提言している。

北海道では、「北海道水資源の保全に関する条例」や「ニセコ町景観条例」などがあって中国など外資に爆買いされている水資源の利用やリゾート地の開発に一定の歯止めをかける努力がなされているが、地方自治体におしつけてばかりでは限界がある。

国の責任で投網をかけていく必要があるのは論をまたない。

及び腰の政府に代わり、国民民主党は二〇二三年五月、総合的な安全保障の確保を図るため、土地の取得、利用、管理に関する施策の推進に関する議員立法「外国人土地取得規制法案」を参院に提出している。土地取得や利用の制限に関する問題は、イデオロギーとは関係ない。政府・自民党は野党の意見にも耳を傾けたらどうか。

自民党の参院幹部は土地利用規制法成立後、「公明党がブレーキを踏んでなかなか前に進めなかった。これが精一杯。ザル法などと言わないでほしい」とぼやいていた。

医療・介護などの内政課題はいくらでも修正が可能だが、国の根幹にかかわる国防と外交はやり直しがきかない。

今後も国益を減じるようなら、自民党は公明党との連立の組み換えを真剣に検討すべきだが、公明党の支持母体である創価学会の組織票頼みで選挙地盤の弱い現在の自民党議員に、それはできない相談なのかもしれない。

グッドシナリオⅡ

日本を「破壊」する
中国「工作員」を排除する

⑳ テロリストを炙り出せ

それは、外国勢力の不当な内政干渉と浸透工作の排除を進める日本と日本人に対する重大な挑戦状だった。

暮れも押し迫る二〇三五年の師走に起きた新幹線爆破事件である。三十日午前九時三十九分、東京発下り博多行き新幹線「のぞみ１２５号」。帰省のための家族連れを詰め込んで満席となった十六両編成中央部のトイレ付近が爆発、近くにいた子供を含む男女五人が重軽傷を負った。幸いにも、いずれも命に別状はなかった。

爆発したのは、ハンドメイド・ボム（手製爆弾）で、強力な酸化剤である塩素酸塩に可燃物を混ぜたものだった。国内外で軍用爆薬や産業爆薬は、悪用を防ぐために製造や購入が厳しく制限されているため、簡易な手製爆弾を使ったものとみられる。

犯人の狙いは、日本国内をパニックに陥れ、高市早苗政権を葬り去ることにあった。今回はこの程度で許してやるが、これ以上、日本国内での取り締まりを強化すると、日本国民自身が痛い目に遭うぞ――という警告だった。爆破事件で新幹線下りは終日運転休止となり、東京駅は帰省をあきらめた家族連れでごった返した。

性善説に立って作られたわが国の法体系を逆手にとり、国家機密は盗み放題、政財界へのあからさまな浸透工作を続ける外国勢力の思惑を封じるため、二〇三三年に政権復帰した第二次高市政権は、国際スタンダードに沿った「ふつうの国づくり」を目指していた。

二〇三三年十二月に在京中国大使館員らを国外追放し、大手半導体メーカーに所属していた中国人研究員ら、中央統一戦線工作部（統戦部）の工作員三人を逮捕したのも、三四年夏、在京の中国「闇警察」への強制捜査に踏み切ったのも、このためだった。

警視庁の調べで、容疑者は大型クルーズ船で鹿児島県奄美大島の瀬戸内町西古見港から入国して行方をくらました後、福岡を経由して不法滞在を続けていたアジア系の外国人だった。犯人は新幹線の指定券を買って東京駅から乗り込み、静岡県のＪＲ浜松駅付近で爆発させるため、タイマーを五十分後にセット。乗降用のデッキに爆発物を入れたボディーバッグをさり気なく置き、品川駅で降車し、偽装旅券を使って羽田空港から国外に脱出していた。外国人の犯行であることは間違いなかった。

警視庁は捜査の主体を当初の刑事部から公安部に移し、警備局長が指揮をとった。犯人は特定していたが、捜査上の秘密を理由に国籍は明らかにしなかった。

かつて、東京オリンピック・パラリンピックを控えていた日本でも、新たな脅威として手製爆弾への警戒を強めていた。だが、「喉元過ぎれば熱さ忘れる」の例えの通り、警戒が緩んだその隙をついて、新幹線が爆破されてしまったのである。

爆破事件は、移民を受け入れ続けた結果、定住外国人が日本の人口の五%に達し、観光客も含めて不特定多数が出入国を繰り返す中で起きた。

これに伴い、高市首相は国内で高まる安全保障への脅威の増大を踏まえ、懸案だった「移民基本法」と、外国勢力による敵対的な活動（スパイ活動、政治システムへの干渉、妨害行為、偽情報、サイバー作戦）による脅威を抑止、発見、根絶することを目的に、「国家安全保障基本法（国安法）」の二つの基本法の制定に着手し、成立させた。

立憲・共産党など野党や与党公明党は頑強に反対したが、高市政権は、国民世論の支持を背景に、「三年ごとの見直し」を政府に義務づけることを付則に盛り込んで押し切った。

移民の中に一定数、外国勢力の意図を具体化しようとする工作員が紛れ込んでいることを踏まえた現実的な国家防衛上の措置だった。

安倍晋三政権時代に成立した平和安全法制が、自衛隊法や国連平和維持活動（ＰＫＯ）協力法、重要影響事態安全確保法など自衛隊に関する法整備が主眼だったのに対し、国安法は主に、目に見えぬ静かなる侵略に属する「シャープパワー」への対抗措置である。

シャープパワーとは、ハードパワーやソフトパワーに対抗する概念で、武力こそ使わないが、世論操作や工作活動などの強引な手法を使って相手国に圧力をかけ、自国に有利な状況を作り出していく外交的な手段をいう。まさにスパイ防止を狙った法律だった。国軍を持つ諸外国と違い唯一日本だけが整備していなかった主権国家なら当然整えておくべき制度である。

ハードパワーが軍事力などの物理的なパワーを意味するのに対し、ソフトパワーは、例えば日本のアニメなど文化や価値観によって相手を魅了して自分の味方につけてしまおうという非軍事的な外交・文化戦略だ。

他方、高市政権が制定を狙った「移民基本法」は、日本の労働力不足を補うための外国人移民の増大に備えるものではなく、移民の流入を制御し、管理するための法律である。これまでの法務省、出入国管理庁の出入国審査があまりに役所の裁量に任せきりであったため、法整備により、今まで以上に厳格化、透明化を図るものだ。

二〇二三年末の三百十二万人に比べ、高市政権下の二〇三五年十二月末現在、在留外国人はすでに七百万人と倍以上に増えている。最も多いのが中国人で、百五十万人以上だ。二〇二三年時点でも中国人労働者は全体の三割を占め、今や緩和されたビザで起業した中国人や日本企業や外資系企業で働く中国人管理職（ホワイトカラー）は五割を超えていた。日本人ヒラ社員が、中国人上司にお茶を入れる光景が当たり前になっていた。

警視庁が捜査本部を設置して爆破事件の全容解明に乗り出しているそのとき、軽装で観光客を装った女が成田空港に降り立った。海外からのヒット・アンド・アウェイによる成功に味をしめた国家機関が、新たな工作員を送り込んでいたのだ。

かつてなら、新幹線爆破事件はこれから日本国内に起こる悪夢の序章に過ぎなかった――というシナリオで終わっていただろう。しかし、高市政権は違った。

税関を難なく通り抜けた女は、警視庁公安部の複数の捜査員に尾行されていることを知る由もなかった。

◆
◆
◆

強力な酸化剤である塩素酸塩に可燃物を混ぜた塩素酸塩系の爆薬は、インドネシアではバリ島のディスコ爆破（二〇〇二年十月十二日）に使用されたほか、その後もホテルや大使館、レストランなどで大量の塩素酸塩爆薬によるテロが発生していた。

国内でも一九七四年八月三十日、東京・丸の内の三菱重工爆破事件で、高純度の塩素酸塩系爆薬が使用された。一九九三年二月二十六日の米ニューヨークの世界貿易センタービル爆破事件では、自動車に入れられた硝酸尿素が使用された。

米中西部オクラホマ州連邦政府ビル爆破事件（一九九五年四月十九日）では、犯人がワンボックスカー内に多量の硝安油剤爆薬を作って入れ、ビルの前の歩道上で爆発させてビルを半壊させた。

このほか、ロンドン市内での爆破、ケニアでの米大使館爆破、トルコでの英国総領事館爆破などでも、塩素酸塩系爆薬が使用された（科学警察研究所『手製爆発物の遠隔探知』中村順著）。とりわけ、二〇〇六年八月にロンドンでの複数の飛行機に対する同時爆破テロ未遂では、清涼飲料のペットボトルに液体爆薬を詰めたものが使用された。

これらの各地で起きた移民を含む犯人グループによる手製爆弾によるテロは、日本も他人事ではない。不足する働き手を補うために単純労働者の移民を受け入れ続けた結果、雇用への影響だけではなく、文化的な摩擦や治安上の問題も顕在化していたからだ。

例えば、二〇二三年七月に埼玉県川口市で起きたトルコの少数民族、クルド人百人による騒動が記憶に新しい。この騒動で県警の機動隊が出動し、病院も急病患者の受け入れが一時麻痺する事件があった。

問題なのは、「報道しない自由」を行使し、産経新聞と読売新聞以外はほとんど事件を報道せず、未就学児の存在など、もっぱら不法移民の側に立った「お涙頂戴」の人道問題にばかり焦点が当てられ続けた。不法滞在者の子どもの不遇は一義的に親の責任である。大手メディアはその事実から目をそらしている。

不法残留者を中心とした問題は散発的に取り上げられたが、リベラルを自称する人々は不法残留者を含む移民への反対論を唱える識者に対し、「排外主義者」、「差別主義者」のレッテル貼りに勤しみ、心ある識者もそれを恐れて口をつぐむケースが相次いだ。

移民は一定数を超えると、人道問題や民族問題が絡んできて、イデオロギーを超えた国家的観点からであっても、問題視することも口にすることも憚られるようになる。

移民問題がリベラリズムとかリアリズムという視点でばかり語られ、受け入れ側の社会コストに見合うかどうかといった視点は忘れられてしまっている。

国家として、日本政府が移民をどう扱うかは、この「社会コストに見合うかどうか」という観点で論じることこそが大切なのだ。

かつて、安倍政権時代に経済アドバイザーだった高橋洋一内閣参与は自著（『人口減少危機論のウソ』扶桑社新書）の中で、「移民にかかる社会コストは、労働力不足の損失よりもはるかに大きいことは、もはや明白だ。移民のせいで社会保障費が膨大になり、職を失ったりすることを懸念して、国民が移民受け入れに反対しているEU諸国の混乱の様子が、それを如実に示している」と語っている通りである。

帰国を前提に呼び寄せた単純労働者だって、特定技能制度で格上げし、定住するとともに家族を呼び寄せたりするようになった。そんな彼らも家族も、日本人と同じく高齢化することを移民を歓迎した人々は気づかなかったのである。

川口で触法クルド人の行状が問題になった二〇二三年時点ではまだ、定住者や長期滞在者は今ほど多くなく、文化摩擦や治安悪化も地域の問題として処理することが、かろうじて可能だった。しかし、今後、地域によっては外国人の方が多いという状況となれば、移民受け入れへの不安は極限まで達するだろう。四方を海で囲まれた日本は歴史的、伝統的に移民なるものに寛容で危機感など持ったこともない、ある種の鈍感さを持ち、移民に反対することはすなわち悪であり、人権侵害、差別主義者だという意識に支配されてはいまいか。

欧州の例を見るまでもないことだが、移民にはいろんな種類の人物がいて、社会的不満から移民先で暴動を起こし、婦女子を強姦する者も少なくないことを日本人は理解しようとしない。あるいは、見て見ぬふりをしようとする。

なぜなら、自分たちは安全なところにいて、人権に理解のある人道主義者を装うことに精神的な快楽を得ようとする野党議員やマスコミ、弁護士らに散見される偽善者がまだ、幅を利かせていたからだ。外野にいてきれいごとを並べたてるのは簡単だ。

こうした人々に特徴的なのは、移民に理解を示そうとするあまり、受け入れる日本人の側にばかり、「あれをしろ、これをしろ」と注文をつけ、福祉や教育面での過度の充実を要求し、元から住む日本人に対して移民らの生活習慣に合わせるよう強要するケースも少なくなかったのである。多文化共生ではなく、他文化の強制である。

欧州では、強要されることに反発した受け入れ側の社会的な差別もあって、経済的に恵まれず、子供の教育も疎かになる一方の移民の中には、福祉への依存を深めて社会に溶け込めぬまま最後は犯罪に走るケースもある。こうした実態を理解できない日本人が少なくない。将来はそれで済まないことは、欧米各国が教えてくれている。

日本は伝統的に移民政策をとっていないという岸田文雄政権だが、日本人学生を差し置いて「外国人留学生は日本の宝」だとか、「UAE(アラブ首長国連邦)は移民が十倍もいる」などと称賛するくらい、移民問題に疎いという悲しい現実がある。

日本は内閣官房が中心となって、官邸主導で「移民基本法」を制定し、国のあり方をしっかり問い直すべきだ。同時に、日本国内への移民増大を利用する形で、外国勢力が日本国内への影響力行使や、内政干渉を強めることを阻止するためにも、国家安全基本法を制定し、スパイの摘発を容易にする制度の整備を急がなければならない。

㉑ 外国人の国費留学生制度を抜本改革へ――

高市早苗首相の動きは早かった。二〇三三（令和十五）年の政権復帰後、スパイ活動を行っていた中国人工作員三人を逮捕、彼らに指示を出していた在京中国大使館員らを国外追放し、中国当局に不当に拘束された日本人を奪還した。

返す刀で高市首相は、スパイ養成の温床となっていた国費外国人留学生制度の抜本的な改革に乗り出した。二〇三四年夏のことだ。

かつて田中角栄元首相は、「新政権は発足直後が一番強く、その気になれば何だってできる」と言ったが、まさにこの見立てを地で行く活躍ぶりである。

高市首相は手始めに、前任の紅野太郎首相の意向により、二〇三一（令和十三）年、中国人留学生が十人以上いる大学への孔子学院と高校への孔子課堂の設置を義務付けた文部科学省の省令を廃止し、一斉に閉鎖させた。

孔子学院は表向き、中国語や中国文化の流布を掲げている。だが、実態は日本の大学や高校を監視し、中国への礼賛者を増やすことを目的としており、中国共産党の中央統一戦線工作部（統戦部）傘下の工作機関として欧米諸国で警戒され、閉鎖が相次いでいた。

高市首相が、孔子学院の閉鎖に続いて取り組んだのが、国費外国人留学生制度の抜本的な見直しだ。

旗振り役となったのは、小野田紀美文科相だ。小野田氏は国家公安委員長として第二次高市内閣に初入閣し、その後の内閣改造で文科相に抜擢されていた。

小野田文科相はかねてより、外国人国費留学生が日本人学生に比べて、優遇され過ぎている実態を問題視し、政府に制度のあり方を見直すよう働きかけてきた。

問題なのは、在外大使館の推薦である。特に中国の場合、在北京の中国大使館は他の在外公館に比べて、極端なほど中国べったりだ。国費留学生についても、北京当局が推薦してきた学生の人定をろくに調べもせずにそのまま推薦リストに掲載、日本に送り込んでいたのだからタチが悪い。チャイナスクール出身の外務省担当審議官を国会に呼び、推薦の過程を詳らかにするよう説明を求める方針だ。

小野田文科相は手始めに、中国からの国費留学生が多い点に目を付けた。国費留学生は二〇三〇（令和十二）年五月現在、全体で約三万人。このうち、中国籍の国費留学生は一万人と三割を占めるまでに激増していた。

十年前の二〇二〇（令和二）年、国費留学生は全体で約八千七百人で、最も多いのがインドネシアの約八百八十人、中国人の国費留学生は八百三十四人と国費留学生全体の一〇%だった。このときに比べ、現在の増加ぶりは異常というより、異様である。例えは悪いが、イナゴの大群が海を渡って押し寄せ、日本中の穀物を食い荒らすかのごとくだった。

気を付けなければならないのは、国費留学生の中には、中国人民解放軍と軍学提携している国防七大学と言われる大学出身者も多数含まれていたという事実である。中国側が推薦してきた学生を在北京の日本大使館が何らチェックすることなく、東京に具申していたのである。

中国の科学技術の進歩は目覚ましいものがあり、日本の方がむしろ、後塵を拝している分野が多くなってきている。それでも極小の世界であるナノテクノロジーの分野、例えば、分子生物学などナノレベルのロボット開発など、軍事応用可能な分野での日本の先端技術は他国の追随を許さぬものも多数あり、技術流出の阻止は喫緊の課題となっていた。

外国人の国費留学生制度は、一九五四（昭和二十九）年、第五次吉田茂内閣時代に始まった。「日本との友好親善に尽くす人材を育てるとともに、母国の経済発展に資する」ことが目的だった。このあまりに古い建前が何ら見直されることもなく惰性で続けられ、八十年近くにわたって血税を垂れ流してきたのである。

中国はGDPで四位の日本に大きく水をあける経済大国である。日本がもはや「母国の経済発展に資する」と上から目線でジャブジャブ金を払う相手でないことは明らかだ。

また、「日本との友好親善に尽くす人材の育成」についてだが、公益財団法人「新聞通信調査会」が二〇三〇年、「日本への信頼度」を国別に調査した結果、タイなど東南アジアからの留学生で「日本に好感が持てる」と答えたのは、ほぼ九〇％を超えていたのに対し、中国と韓国からの留学生で「日本に好感が持てる」と答えたのは、中韓両国ともわずか五％に過ぎなかった。

これでは、何のために巨額の国費を使って中国、韓国人らを日本に留学させているのか分からない。国費は国民の血税である。現場から上がってくる予算要求にただ漫然と応じていた文科省は万死に値する。

しかし、中国政府の圧力で、親中派の牛耳る自民党政権は中国人留学生への免税を復活させてしまっていた。中国人留学生のすべてがそうだとは言わないが、中には中国共産党の中央統一戦線工作部（統戦部）で養成された工作員も一定数存在する。日本政府は祖国を裏切る国賊的な政策を続けていたのである。

◆　◆　◆

国費留学生は在外公館による大使館推薦採用者と大学推薦採用者の二種類存在する。学費等については、大使館推薦でそれが国立大学の場合は国立大学が、公私立大学の場合は文科省が負担する。大学推薦の場合は、国公私立大学の分類に関係なく、各大学が学費を負担する。大学院レベルの学生には月額約十四万円もの奨学金が支給される。

文科省担当局長は二〇二〇（令和二）年、国会答弁で「国費外国人留学生制度の予算の大半を中国人留学生に支給しているということはない」と説明していたが、現状は見ての通りの惨状だ。

国費留学生を含むすべての留学生数と地域の割合は、文科省などの資料（二〇一八年五月時点）によると、アジアが六千三百二十二人（六七・一％）で、欧州が一千百十五人（一一・八％）と続く。

アジアでは、中国がトップで、インドネシア、タイ、ベトナム、韓国と続く。二〇二〇年五月現在だと、留学生で最も多い順に、中国（十二万千八百四十五人）、ベトナム（六万二千二百三十三人）、ネパール（二万四千二人）、韓国（一万五千七百八十五人）などとなっていた。

大学の学部レベルだと、中国出身者は約七％、大学院だと一二％に上った。

国会の決算資料などによると、中国からの国費留学生が国会で質疑の対象となった二〇一七年度には、約九千人の留学生に総額百八十億円近くが奨学金や授業料の一部などとして支給された。文科省によると、二〇一九年度予算は百八十五億円だった。それが二〇二四年の推計では、三万人の留学生に対し、総額七百億円の国費を投入していた。日本への往復交通費も日本政府が全額支給していた。

さらに問題なのは、とかく日本人学生との比較で、優遇され過ぎているのではないかという声がくすぶっている中国人留学生への免税措置だ。

日本政府は、日本でアルバイトをする中国人留学生に適用されている給与の免税措置の撤廃に向け、日中租税条約の改正を検討に乗り出した時期もあった。給与の免税措置は留学生の交流促進を図る目的で導入されたが、滞在国で課税を受けるという近年の国際標準に合わせるためで、至極当たり前の対応だった。

日中租税条約は一九八三（昭和五十八）年に締結された。同条約の二十一条では、教育を受けるために日本に滞在する中国人留学生が生計や教育のために得る給与を免税扱いにしている。雇用先の企業を通じて必要な届け出をすれば、生活費や学費に充てるためのアルバイト代は源泉徴収の対象とならず、課税されないことになっていた。

免税措置は、相互主義に基づき、建前上は中国に滞在する日本人留学生にも同様に適用される。ただ、日本で働く中国人留学生に比べ、中国でアルバイトを希望する日本人留学生は限られる。また、日本人留学生が中国で就労許可を受けるハードルも高いとされ、中国人留学生が免税を受けるケースの方が圧倒的に多いのが実情だ。

留学生が受け取るアルバイト給与については、居住する滞在国で課税を受けることが国際標準となっている。このため日本政府は、米国やシンガポール、マレーシアなどとの租税条約を改正する際に、免税規定を削除してきた。一方、中国以外でも韓国やフィリピン、インドネシアなど、免税規定が残る条約もある。

二〇二四（令和六）年現在、日本の大学生は、二人に一人が奨学金を利用している。奨学金には大きく分けて「給付型」と「貸与型」があり、給付型は返済の必要はないが、貸与型は卒業後に返済義務が生じる「借金」であり、卒業後に返せなくなって自己破産というケースも少なくない。返済不要の給付型といっても、月額わずか二万～四万円である。中国などからの国費留学生が大学院レベルで月額約十四万円支給されているのに比べ、あまりに切ない金額である。

かつて小野田氏は文科相になる前の二〇一九年四月十五日、一七年度予算をめぐる参院決算委員会で、「国費留学生たちは本来、日本から祖国に帰り、その国の発展に尽くすことが目的の一つだった。ところが、実際は日本国内に残って就職する例も多く、帰国者は半数にとどまる。日本人の大学生は、そんな優秀な外国人留学生が就職活動などでライバルとなる」と指摘していた。

また、「日本人の学生にこそ国費を投じて、即戦力として世界で戦えるような人材に育てるべきではないのか。日本の学生の職を奪うかもしれない留学生のために国費で入れるのはどうなのか、との意見があっても不思議ではなく、心配だ」と語っていた。

すべての中国人留学生がそうだとは言わないが、中には中国共産党をバックに、先端技術の窃取など、明確な国家意思を背負って日本に留学してくる学生も少なくないことは先に指摘した通りだ。

中国の圧力に屈さずに「サイレント・インベージョン（静かなる日本侵略）」の著書を出したチャールズ・スタート大（豪州・シドニー）のクライブ・ハミルトン教授は、筆者の取材に対して電子メールで、「北京政府は、日本を含む世界の有名大学を対象に自分たちへの賛同者や代弁者を数多く育てるとともに、中国人科学者を他国に送り込んでいる。中には軍事研究に携わる研究者もいる。日本政府は、日本国内で何が起きているのかを大学側に気づいてもらうよう対策を講じるべきだ。孔子学院を含めて、中国共産党の影響力に抵抗するよう、大学側に圧力をかける必要がある」と語っていた。

小野田氏の国会質問に対し、柴山昌彦文科相は手元のペーパーに目を落としながら、

「国費の外国人留学生制度は、戦略的に優秀な外国人留学生を採用している制度設計だ。ご理解をいただきたい」と述べている。三流官庁の役人が書いたペーパーを棒読みするだけの大臣はこの国に不要だ。

架空のストーリーで入閣する十年後の二〇三四年まで待てない。小野田氏の文科相就任は、日本人学生に希望の光をもたらす福音となろう。少しでも早く入閣し、この国の国益を国益とも思わない文科行政を解体的に叩き直してもらいたい。

㉒ 政界再編後、高市首相がスパイ防止法を制定

「賛成233、反対202、よって、内閣不信任案は可決されました」

衆院の上川陽子議長が投票結果を読み上げると、議場は割れんばかりの拍手と怒声に包まれた。ひな壇にいた高市早苗首相は憮然とした表情で立ち上がり、議場に向かって一礼すると足早に議場を後にした。

首相官邸に戻るや否や、高市首相は事務担当の官房副長官を首相執務室に呼び、衆院解散の手続きを進めるよう、下知した。

二〇三六年十二月の臨時国会会期末、立憲・共産の連立政権が高市内閣の内閣不信任案を提出すると、自民党から造反が多数出て不信任案が可決されたのだ。

紅野太郎元首相ら親中派議員を中心とした反主流派の切り崩しに失敗した高市首相は当初予定通り衆院を解散し、自民党を解党すると同時に新党「さくら」を結成した。

高市首相は二〇三五（令和十七）年暮れに起きた新幹線爆破事件後の翌三六年六月の国

会会期末、移民基本法の制定とともに、政治システムへの干渉や妨害行為などを防止することを目的とした国家安全基本法（国安法）を制定させた。

ただ、国安法が理念法で、スパイ活動の抑止、発見、罰則については細かな規定がなく実効性が担保されないままだった。このため、高市首相は同年九月に召集した臨時国会で、スパイ防止法案を内閣の責任において策定したが（閣法）、紅野太郎元首相ら自民党の親中派を中心とした反主流派が猛反発。国会提出にこぎつけたものの、廃案となった。

スパイ防止法について、与党の公明党、立憲・共産両党、反主流派を中心とした一部自民党までもが狂ったように猛反対し、朝日新聞や毎日新聞、民放各局が日本弁護士連合会（日弁連）とも足並みをそろえて、「戦前の暗黒時代に戻すのか」「軍靴の足音が聞こえる」といった情緒的な反対の大キャンペーンを張っていた。

日本の大動脈で基幹インフラである新幹線を爆破され、それが中国とみられる外国勢力の後押しを受けたスパイ（工作員）による可能性が高いにもかかわらず、基本的人権を盾に反対していたのだ。人権擁護は当然のことであるが、中国の影響力が日本中枢に深く根を張り始めているさなか、野党もマスコミもあまりに能天気である。

国安法を制定した後、スパイ防止法を成立させて、実効性を持たせるために現行法の運用を見直していかなければ画竜点睛を欠くし、何よりも国家の安全と国民の命と財産を守ることができない。

側近の助言を聞き入れた高市首相は自らの信念に基づき、公明党との連立解消にとどまらず、自民党の解党、新党結成、衆院解散と矢継ぎ早に大ナタを振るった。まさか自民党解党の挙に出るとは想像していなかった反主流派はてんやわんやの大騒ぎ。旧自民党が保有していた政党交付金をすべて新党「さくら」に持っていかれると同時に、候補者擁立もまったくの後手に回り、壊滅状態に追い込まれた。

中国、ロシア、北朝鮮とそれに同調して、大統領自ら反日的な言動を繰り返す韓国。マスコミ、それも産経新聞までもが「権威主義国家」などと遠慮がちに呼ぶ周辺の反日国家は、日本国内の事情を斟酌しない。

待ったなしの国際情勢下にあって、混乱した政局の収束と国内体制の立て直しは、高市首相にとって喫緊の課題だったのである。

二〇三七年一月に行われた総選挙は、高市前首相が率いる新党「さくら」が、マスコミの猛烈な反対キャンペーンにもかかわらず、スパイ防止法の制定に賛成する国民世論の後押しを受けて大勝した。単独過半数には届かなかったため、日本維新の会や国民民主党をルーツに持つ「有志連合」などと連立政権を発足させた。

新政権発足後、首相に指名された高市首相。前年の臨時国会で廃案となった「外国勢力による影響工作並びに内政干渉等を防止する法律」（スパイ防止法）を国会に提出し、過半数を得て無事、成立させた。鮮やかな手法は、三十年以上前の二〇〇五（平成十七）年の郵政解散で造反組を退け、衆院で圧勝した後に郵政民営化法を成立させた小泉純一郎政権を彷彿とさせた。

これまで日本は、不正競争防止法や窃盗といった個別の法律でスパイ活動を立件していたが、波状的かつ重層的に活発化する中国やロシアのスパイ活動の監視や取り締まりは限界に達していた。このため、捜査当局や防衛当局からスパイ活動そのものを立件するための網羅的な法律の制定が求められていた。

戦後、六十年安保に始まり、特定秘密保護法など、日本政府が進めてきた国家防衛に関わる安全保障法制のほぼすべてに反対してきた朝日新聞。彼らの主張する逆の道を進むことが、健全で自立した民主主義国家の発展につながることは歴史の証明を待つまでもない。それほど日本を取り巻く安保情勢は悪化していたのだ。

カエルを熱湯に入れると飛び出すが、水に入れて徐々に温度を上げて沸騰させると水温の上昇に気づかずカエルは死ぬという企業経営にまつわる例え話がある。戦後の日本人はまさにこの状態と同じだ。米国の核の傘に守られた安全な場所にいて、自分の身を自分で守ろうとせず、日本の国柄や国のありように難癖ばかりつけてきたのである。

新政権の樹立に成功した高市首相がやるべきは、中国による軍事力を背景とした物理的な圧力とプロパガンダに洗脳され、思考停止状態にある政財界、地方自治体を覚醒させることだ。神代の国から代々引き継がれてきた日本人の眠ったままのＤＮＡを活性化させ、大東亜戦争後の自虐史観に囚われて自縄自縛となっていた日本人一人一人の中に存在する魂を解放させるのである。

憲法を改正し、国安法、移民基本法を制定した高市首相。スパイ防止法の成立は、二〇二二年七月八日に志半ばで凶弾に倒れた安倍晋三元首相の宿願でもあった。高市首相は安倍氏の勧めで自民党総裁選（二〇二一年）に立候補したこともあった。

スパイ防止法をようやくの思いで成立させた高市首相。だが、「仏作って魂入れず」では意味がない。次に考えるべきは、捜査による裏付けと証拠固めによる立件を容易にするための方策だ。

首相公邸で好物のホヤの刺身を肴に奈良の地酒「春鹿」を口にした高市首相の心中を去来するのは、この国を守ってきた先人たちの顔ぶれや尊敬する英国のサッチャー首相のあれこれだ。

鳥の将に死なんとするとき、その鳴く声や悲し。人の将に死なんとするとき、その言うや良しー。

論語の一節を諳《そら》んじた高市首相は、身命を賭す覚悟を改めて固めたのだった。

◆ ◆ ◆

スパイ防止法をめぐっては、一九八五（昭和六十）年にも、中曽根康弘政権時代の自民党がスパイ防止法を国会に提出し、廃案となった経緯がある。その時、日弁連は「行政当局の恣意的専断を許すことになる」と反対決議を出した。

このころ日本人はまだ、ＧＨＱ（連合国最高司令官総司令部）による洗脳に染まりきっており、「こんな法律を成立させては、日本はまた戦争をする国になる」といった主張が幅を利かせる牧歌的な時代に生きていた。

第二次安倍政権時代に特定秘密保護法を制定してから、日本はようやく、英米などの同盟国や同志国とインテリジェンスを含む機密情報のやりとりができるようになった。

核・ミサイル開発を続ける北朝鮮や中国、ロシアによる軍事的圧力や政財界への浸透工作を目の当たりにしたサイレント・マジョリティー（静かなる多数派）が、その必要性に気づいたのである。中国やロシア、北朝鮮様様である。

だが、夢見る少女のように、あるいは、お花畑で遊ぶ蝶々のように平和ボケした日本人を相手に、ここにたどりつくまでの道のりは遠かった。

首相官邸や国会議事堂前で騒ぐ大衆はいま、どこに消えたのか。彼らはノイジー・マイノリティー（五月蝿《うるさ》い少数派）に過ぎないのが常である。圧倒的多数派の勤労者は、空想的なイデオロギーなどに染まらぬ現実的な考え方を持っていたし、そもそも、忙しくてそんなことをしている暇などなかったからだ。

だが、これといった主義主張もない民放各局が朝日新聞などの威光を借りてこれ幸いとばかり、彼らがさも、国民の大多数を代表する意見かのように報じていたのだから、あきれる。少なくとも放送法第四条違反であり、日本政府が電波の停止を真剣に検討すべきなのだ。

放送法第四条は、公安及び善良な風俗を害さず、政治的に公平で、報道は事実を曲げないこと、意見が対立している問題については、できるだけ多くの角度から論点を明らかにすること——などを定めている。

民放はテレビ電波というのが国民の共有財産であり、許認可制度に支えられている事実を今一度銘記すべきである。それに対して新聞などは届け出制だから、新聞社には論説委員はいるが、放送局には解説委員しかいないのである。解説はしても、一定の立場にたって論じてはいけないルールなのだ。

さて、一九八五年に廃案になってから約四十年経つが、いまだにスパイ防止法が制定されないのはどうしたことか。政府、自民党の怠慢と言わざるを得ない。

そういう英国も、二〇二三年になってようやく、スパイ防止法を盛り込んだ内容の国家安全保障法を制定したが、日本と違って、MI5（英情報局保安部第五課）や映画『007』の主人公、ジェームズ・ボンドが所属する設定で知られる首相直轄のMI6（同第六課）という情報機関が機能していた。

大統領制にみられるような強大な権限を一人に集中させていない日本は、同じ議院内閣制をとる英国の国家安全保障法を手本にすべきである。

内容は、（一）スパイ活動や妨害行為、外国勢力のために活動する者（二）国家の脅威に対する防止および調査措置（三）外国影響力登録制度（四）テロリズム関連規定―などを柱としている。

英連邦議会に対する中国系ロビイストの影響力行使が相次いで発覚したのを受けた措置である。

日本には外為法や不正競争防止法、重要経済安保保護法のほか、通信傍受法、窃盗、公文書偽造等、あらゆる法律を駆使してスパイ活動を抑止、検挙してきてはいるが、スパイ活動そのものに網をかぶせる法律がなく、他の主要国に比べて取締りが緩く「スパイ天国」となっていた。スパイ活動を取り締まる周辺の現行法だけでは、立件が難しいためだ。その点、スパイ防止法があれば、ひとまず外国の工作員による日本国内でのわが国の安全を害する活動を防止する効果が期待される。

何よりも、中国などで不当に拘束された日本人を救出するための対抗策として、日本にいる中国人工作員をスパイ防止法で逮捕し、交渉するための手段を得ることになる。

中国には外国人を取り締まる反スパイ法などがあって、中国当局による恣意的な運用で不当に身柄拘束される日本人が少なくない。最も重い量刑は死刑である。

こうした国と相互主義で臨むならば、同じような国内法を整備して対峙するのが国際政治の常道である。こんな当たり前のことができずに、日本人の生命や財産など、政府に守れるはずがない。

実際、二〇二二年十月に懲役六年の実刑判決を受けて帰国した鈴木英司さんは、長年日中交流に携わってきた。彼が帰国できたのは、日本政府がスパイ防止法など国内法を盾に中国側と交渉して取り戻したのではなく、刑期を全うしたからに過ぎない。帰国当時、筆者（佐々木）の取材に対して鈴木氏は、「日本政府は何もしてくれなかった。拘束されたら最後、中国では闇から闇に葬られ実刑は免れない」と憤慨していたことを思い出す。

ただ、スパイ防止法を制定すればそれで「事足れり」というわけではない。捜査の難しさは変わらないからだ。

大事なのは、スパイ防止法を制定するのと同時に、行政通信の傍受を整備したり、司法通信の傍受拡大、囮捜査の運用拡大が不可欠なのである。

元警視庁公安捜査官の稲村悠氏（日本カウンターインテリジェンス協会代表理事）によると、行政通信の傍受とは、犯罪が起きる前に行政機関が行う通信傍受で、未然に傍受することで犯罪の準備行為を指す。外国に通報する目的や探知または収集行為の立証が格段に容易となるが、現在は行政通信の傍受は認められていないのだという。

また、犯罪捜査における司法通信の傍受では、犯罪行為が行われた後を前提として、その対象は薬物関連犯罪、銃器関連犯罪、爆発物関連など一部の犯罪に限定されている。今後、行政通信傍受の整備に加え、司法傍受の対象犯罪を拡大し、諜報事件を含むことも検討すべきだという。

なぜなら、「既存の刑法や不正競争防止法等においても、例えば機密情報漏洩事件では、行政通信傍受により未然に工作員と相手方とのコミュニケーションを傍受することで、機密情報を工作員に渡す前に検挙できる可能性が大きくなるほか（未遂の罰則規定がある犯罪に限る）、司法通信傍受により、一層の真相の解明が期待される」（稲村氏）からだ。

また、囮《おとり》捜査については、現状では根拠規定がなく、グレーな手法となっており、日本における捜査においても一般的な手法とは言えないのが現状だ。

まずは根拠規定を整備することが肝要だ。囮捜査の危険性や捜査ノウハウの蓄積など乗り越えるべきハードルは高いものの、「囮捜査を実施することで決定的な証拠が引き出せるほか、工作員側も疑心暗鬼になり一定の抑止も見込める。さらには、検察側の話にはなるが、司法取引を拡大させることで、スパイ網の一網打尽の可能性も出てくる」（稲村氏）という。

つまり、スパイ防止法の制定だけでは、捜査に実効性を持たせることができないため、証拠を固めて立件を容易にするため、司法通信傍受の強化に加えて、行政通信の傍受を可能とするほか、囮捜査の運用強化が不可欠なのである。

気を付けるべきは、「歯止め」の整備だ。一九八五年に自民党がスパイ防止法を国会に提出してきた際、日弁連が「行政当局の恣意的専断を許すことになる」と批判したように、通信傍受（盗聴）や囮捜査の権限を拡充させれば、それだけ当局による恣意的な運用への懸念が増す。

スパイ防止法に基づく捜査権限の運用には、例えば、取り調べの際の弁護人の立ち会いなど、政府へ強力な権限を付与すると同時に、「歯止め」というブレーキを導入してバランスをとることが法制定の近道となる。

二〇二四（令和六）年に成立した「セキュリティクリアランス制度（SC、敵性評価）」の創設に向けた法律（SC法）の効果的な運用も求められる。SC法は、経済安保上、漏洩すると日本の安全保障に支障をきたす恐れがある情報を「重要経済安保情報」に指定し、これら重要な情報へのアクセスを国が信頼性を確認した人に限定するものだ。

現行の特定秘密保護法の運用強化や改正も検討課題だ。いつ成立させることができるか分からないスパイ防止法の制定を待つだけではなく、いまある現行法を最大限、効果的に運用したり、改正したりする努力も欠かせない。

おわりに

二〇二四（令和六）年の八月は、例年にも増して暑い季節となった。大学キャンパスを覆う夏木立。蝉の鳴き声に耳を澄ませていると、八十年前のあの夏を思い出す。もちろん、この世に生身の人間としての生はなかった。だが、魂が震えるのだ。目にしてきた当時の映像や文物が脳裏に焼き付いているからであろう。経験していないのに、経験したかのようにさまざまな記憶がよみがえってくる。

長きにわたる大東亜戦争で、日本と日本国民はたくさんのものを失った。彼我の尊い命はもちろんのことである。だが、先人が連綿と繋いできた日本人の魂をも失ってしまったのではないか。

戦勝国による一方的な裁判で心身ともに骨抜きにされ、自らの国や地域、家族を自らの手で守ろうという気概を失くしてしまったように思えてならないからである。

低俗なテレビばかり見ていると、想像力も思考力も欠如して日本人はみな一億総白痴化すると言ったのは、社会評論家の大宅壮一だった。それは正鵠を射ている。現代風に言えば一億総懺悔した後、一億総変態化している。戦前の日本は悪いことばかりしてきたのだから、未来永劫、世界に対してひざまずいて謝り続けなければならないというマゾヒスティックなユーフォーリア（陶酔感）。これに浸っている限り、国際社会の常識は通じない。あるのは独善的で観念的な「崇高な理念」のみである。

戦後の営みは、マスコミやアカデミア、法曹界の面々が、世界平和や地球市民といった抽象的な言葉に絶対的な価値観を見出し、日本という国家を叩き続けて快感を覚える変態的な黒歴史ともいえる。国益とか権力といった概念をことさら敵視して悦に入る屈折した精神構造がそこにある。

責任の多くは、大宅が指摘したように大衆を扇動してきたマスコミにある。ネットの世界では「マスゴミ」などと揶揄されているが、当たらずとも遠からずだ。ネット民を馬鹿にしてはならない。国家を動かす政治家や高級官僚たちへの抜きがたいコンプレックスと裏付けのないエリート意識を持った変態の集まりが、この国をおかしくしてきたのである。

こうした歪んだ国民意識について、初代内閣広報官の宮脇磊介氏は、「ジャーナリストのコンプレックスが生む日本否定」（新潮文庫『騙されやすい日本人』）と喝破した。

象徴的なのが、贖罪意識に縛られながらそうとは気付かず、良かれと思って掲げているのが昨今の誤った「多文化共生」である。国境を取り払い、日本という国家の壁を崩すことが地球市民として多文化共生の実現に向けた一歩だと信じる多くのマスコミの無責任は救いがたい。現実に起きている「目には見えない侵略」という不都合な真実から国民の目をそらすため、「報道しない自由」という怠慢に胡坐をかいている。報道すべき数々の問題が本書で紹介した事実であり、今後起きる可能性のある「中国による日本略奪」である。

ちょうど百年前のことだ。関東大震災から半年後の一九二四年三月五日、東北帝国大学で講演した政治家であり思想家の後藤新平は、「第二次世界動乱（大戦）の大波濤は、わが国の国難となるであろう」と述べ、第二次世界大戦の勃発を予言し的中させた。世界や日本が第一次世界大戦の終結でわが世の春を謳歌していた時世のことだ。

後藤は言った。「平和の仮面をかぶって寄せ来る外患や人情の弱点に付け込んで国民の身心を蝕む内憂に、日本国民は気づかないが故に備えず、あるいは、気づいていながら現実を直視する勇気がないために自己の心を欺き、一時しのぎの安易な瞬間の快楽に酔い、ついに国家と国民を破滅の底に陥れるのだ」。

そして、こう付け加えて講演を締めくくった。

「真におそるべきは、目に見える敵国・外患ではない。国難を国難として気づかず、漫然と太平楽を歌っている国民的神経衰弱こそ、もっとも恐るべき国難である」

危機を危機と受け止めることができる常識的な日本人の魂はどこに行ったのか。後藤は草葉の陰で、ため息をついているのではなかろうか。

ただ、今を生きる日本人は必ずや覚醒する日が来ると信じたい。そのとき、日本は世界の民主国家と手を携えて、明るい未来をつくるパイロット（水先案内人）になるだろう。

最後に、迫りくる「目に見えない危機」について、シミュレーションという形で本書を世に問う機会を与えてくださったビジネス社の唐津隆社長、中澤直樹編集部長をはじめとする同社の皆様方に心より感謝を申し上げる。

二〇二四年夏

千葉県柏市の麗澤大学の研究室にて

佐々木　類

〔著者略歴〕

佐々木　類（ささき・るい）

1964年、東京都生まれ。早稲田大学卒業後、産経新聞に入社。事件記者として、警視庁で企業犯罪、官庁汚職、組織暴力などの事件を担当。

その後、政治記者となり、首相官邸、自民党、野党、外務省の各記者クラブでのキャップ（責任者）を経て、政治部デスク（次長）に。

この間、米紙「USA TODAY」の国際部に出向。米国テネシー州のバンダービルト大学公共政策研究所 日米センターでは、客員研究員として日米関係を専門に研究した。

2010年、ワシントン支局長に就任後、論説委員、九州総局長兼山口支局長を経て、2018年10月より2023年10月まで論説副委員長。2024年4月より、麗澤大学国際学部教授。

尖閣諸島・魚釣島への上陸、2度にわたる北朝鮮への取材訪問など、現場取材を重視する一方で、各種の動画でも活発な言論活動を展開中。

著書に『静かなる日本侵略』『日本が消える日』『移民侵略』（以上、ハート出版）、『日本人はなぜこんなにも韓国人に甘いのか』『ＤＪトランプは、ミニ田中角栄だ！』（アイバス出版）、共著に『ルーズベルト秘録』（産経新聞ニュースサービス）などがある。

シミュレーション日本略奪

2024年 9 月 12日　第 1 版発行

著　者　佐々木 類
発行人　唐津 隆
発行所　株式会社ビジネス社
〒162-0805　東京都新宿区矢来町114番地　神楽坂高橋ビル５階
電 話　03(5227)1602（代表）
FAX　03(5227)1603
https://www.business-sha.co.jp

印刷・製本　株式会社光邦
カバーデザイン　中村 聡
本文組版　株式会社三協美術
営業担当　山口健志
編集担当　中澤直樹

ISBN978-4-8284-2657-0

ビジネス社の本

「中国大恐慌」時代が始まった！

石平……著

中央宣伝部、国家統計局、国家安全部による国家ぐるみの捏造、隠蔽、八百長政策の内幕を暴く！　中国は「第二の日本」になりたくてもなれない？

定価　1650円（税込）
ISBN978-4-8284-2622-8

本書の内容